자비를 팔다

The Missionary Position  크리스토퍼 히친스 지음 | 김정환 옮김

# 자비를 팔다

## 우상파괴자 히친스의 테레사 비판

모멘토

에드윈과 거트루드 블루, 성스러우나 세상에 속한 두 사람에게

# 차 례

이렇게 주장해도 괜찮을 것이다. 모든 대중 신학에는 뭐랄까 부조리와 모순을 선호하는 취향 같은 게 있다고. …… 자기들의 우울한 근심 때문에 인간이라면 비난받을 법한 행동 기준을 신에게 돌리는 동시에, 종교적 열변으로 그런 행동을 예찬하고 경탄하는 척해야 하는 것이다. 그러니 이렇게 말해도 무방할 터이다. 대중 종교란 것은 보다 통속적인 신자들의 생각 속에서는 실상 일종의 귀신 숭배라고.

—데이비드 흄, 『종교의 자연사』

신을 두려워할 것 없다. 죽음은 느낄 수 없다. 좋은 것은 얻을 수 있다. 나쁜 것은 견뎌낼 수 있다.

—오이노안다의 디오게네스가 도시의 한 벽에 새긴 에피쿠로스의 가르침

종교의 문제와 관련해서, 사람들은 온갖 유의 부정직과 지적 오만의 죄를 짓고 있다.

—지그문트 프로이트, 『환상의 미래』

# 책머리에

아무리 막돼먹었단들 누가 야위고 쭈글쭈글한 늙은 여인을, 세월에 좋이 찌든 노파를, 더군다나 가난한 자와 버림받은 자를 위해 평생을 바친 사람을 헐뜯겠는가. 다른 한편, 아무리 무관심하단들 누가 한때 105개를 웃도는 나라─"인도를 빼고도"─에서 500개가 넘는 수도원을 운영했다고 호언한 여인의 영향과 동기들을 살펴보지 않고 그냥 지나치겠는가. 그녀는 홀로 자기희생을 하는 열혈 신앙인인가, 아니면 다국적 선교 사업체의 수장인가? 관점에 따라 척도가 달라진다. 그리고 척도에 따라 관점이 달라진다.

두려움과 존경을 잠깐만이라도 벗어버리겠다고 결심하는 순간, 마더 테레사 현상은 그 범속한, 심지어는 정치적인 면모를 드러내게 된다. 그것은 사상 투쟁과 해석 충돌의 일부이며, 보이지 않는 무엇인가의 지지를 받고 있다고 딱히 주장할 수 없는 것이다. 흔히 그렇듯 이 경우에도 첫걸음이 결정적이다. 이 콜카타(캘커타의 새 이름)의 성인을, 초자연적인 것은 일단 접어놓은 채 직시해보려 한 사람이 아무도 없었다는 사실이 나는 아직도 놀랍다.

내가 취재의 시작 단계에서 지극히 기초적인 질문들을 하고 다닐 때, 나와 얘기한 대부분의 사람들은 이 일을 말리려들었다. 그래서 내게 용기를 준 사람들, 나의 작업에 함축된 "신성불가침이란 없는가?"라는 물음에 냉철하게 '없다'고 답해준 몇 분을 언급해야겠다. 「더 네이션」 잡지의 편집장 빅터 너배스키와 「배니티 페어」 편집장 그레이던 카터, 두 사람 모두 내게 일찌감치 마더 테레사를 비판하는 글을 쓰게 해주었다. 독자들의 반감을 부를 게 명약관화했는데도 말이다(한데, 흥미롭게도 그런 일은 생기지 않았다).

1994년 가을 영국의 공공방송인 채널 4에서 방영한 마더 테레사 관련 다큐멘터리 「지옥의 천사」는 실제로 사납고 비이성적인 공격을 받았거니와, 이 프로그램을 만들 때 나는 당초 아이디어를 낸 반둥 프로덕션의 바니아 델 보르고와 타리크 알리, 그리고 극심한 공격의 '총알받이' 구실을 한 채널 4의 발데마르 야누슈차크에게 모든 것을 빚졌다. 이슬람 평신도, 유대교 평신도 그리고 폴란드 천주교 평신도, 이렇게 셋은 훌륭한 팀워크를 구사하여 빅토리아 길리크라는 여성을 비롯한 성가신 도덕운동가들이 우리 프로그램을 단 하나의 진정한 신앙에 맞선 유대와 이슬람의 음모라고 공개적으로 비난한 것에 잘 대처했다. 이 책을 펴낸 버소 출판사의 콜린 로빈슨과 마이크 데이비스는 몇 마디 말이 숱한 시각물과 맞먹는다는 믿음을 굳건히 지켰다. 벤 메트캐프는 예나 지금이나 탁월한 원고 편집자다.

자신이 옳다는 걸 '알기에' 하늘의 위임을 받았다고 주장하는 사람들과, 인류의 길을 밝혀주는 것은 고작 이성이라는 초라한 촛불뿐이 아닐까 저어하는 사람들 사이의 끝없는 논쟁에서 이것은 작은 에피소드에 불과하다. 그러므로 나는 이 전투에서 도움과 조언과 격려를 준 세 영웅, 즉 고어 비달과 살만 루슈디, 그리고 이스라엘 샤하크에게도 감사를 표한다.

종교 비판에 대해 이런 좋은 말이 있다. 비판자가 사슬을 장식한 꽃들을 뽑아버리는 것은 사람들로 하여금 위안 없이 사슬만 감고 있으라는 뜻이 아니라, 그들이 사슬을 깨고 살아 있는 꽃들을 모으게 하기 위해서라는 것이다. 근본주의적 일신교와 천박한 광신주의가 인간 미래의 특정한 전망을 증언하고 있는 때에, 그리고 밀레니엄이 우리 앞에 그림자를 던지고 있는 마당에, 이토록 저명한 증인들과 한 배를 타게 된 것은 영광이었다. 혼란스럽고 두려운 인류의 전사(前史)가 언젠가 끝이 나서 우리가 꿇었던 무릎을 펴고 일어나 살아 있는 꽃들을 모으게 된다면, 자유사상의 휴머니스트들을 기리는 데 연기 피우는 제단과 위압적인 사원은 필요 없을 것이다. 그들은 죽음에 대한 두려움을 이용해 가난한 자들을 강제하는 동시에 치켜세우는 짓을 경멸하였다.

에티오피아인이 상상하는 자기들의 신은 검고 들창코다. 트라키아인의 신은 눈이 푸르고 머리털이 붉다. 말이나 사자가 손이 달리고 사람처럼 무엇을 그리거나 만들 수 있다면, 자기들을 닮게 하여 말들은 말 모양의 신을, 사자들은 사자 모양의 신을 그릴 터이다.

—크세노파네스

# 들어가며

이 글을 쓰고 있는 책상 위에는 오래된 「공격」(L' Assaut) 지 한 권이 있다. 아이티의 일인 독재자 장-클로드 뒤발리에를 선전하는 기관지다('기관지였다'는 표현이 옳겠다). 매우 마르고 무자비하면서 지적이었던 아버지(장-프랑수아 '파파 독' 뒤발리에)의 하릴없이 뚱뚱하고 턱살 두툼한 멍청이 아들로서, 그 비대한 황태자는 누구에게나, 그리고 분명 그로서는 당혹스럽게도, '베이비 독'으로 알려져 있었다.[1] 아버지의 권위를 어느 정도 착복

---

◆각주는 저자 주라고 밝힌 것을 빼고는 모두 편집자 주임.
1)아버지 장-프랑수아 뒤발리에(1907~1971)는 의사 출신이었기 때문에 불어로 '파파 독(Papa Doc)'이라는 별명이 붙었다. 1957년 아이티 대통령에 선출된 후 철권통치를 시작했으며 64년 종신 대통령이 되었다. 71년 그가 죽자 아들 장-클로드('베베 독' 즉 '베이비 독')가 종신 대통령이 되었으나 86년 민중 봉기와 미국의 압력으로 축출되었다.

하는 한편 아버지와는 다른 정체성을 확립한답시고 「공격」에는 '장-클로드 사상의 기관지' 라는 부제가 달려 있었다.

하지만 보다 정확한 단어 '뒤발리에 사상' 을 피함으로써 지우려 했던 그 바나나공화국의 왕조숭배 인상은 오히려 더 강조된다. 잡지의 헤드라인 밑에 우스꽝스러운 새 한 마리가 등장하는데, 매우 펑퍼짐하고 거의 날지 못할 듯해 보이지만, 양식화한 올리브 가지를 부리에 물고 있는 걸로 보건대 의도는 분명 평화의 비둘기다. 그 우중충한 새 밑에는 라틴어로 큼지막하게 '그대 이 표징으로써 정복하리라(In Hoc Signo Vinces)' 라는 구호가 쓰여 있어 로고의 평화적이고 초식성인 의도를 부정해버린다.[2] 초기 기독교의 상징들, 이를테면 십자가나 물고기 그림 등에는 종종 이 문구가 따랐었다. 만(卍)자 따위 다른 기호나 주물(呪物)이 새겨진 팸플릿들에서도 이 문구를 본 적이 있다. 분명, 이런 수준의 장치를 담은 깃발로는 아무 것도 정복할 수 없을 터이다.

---

[2] 로마 황제 콘스탄티누스 1세(280경~337)가 제국의 지배권을 놓고 막센티우스와 싸울 당시, 밀비우스 다리 전투(312) 직전에 하늘에서 십자가의 환상과 함께 그리스어로 된 이 문구를 보았다고 한다. 그는 이듬해인 313년 신앙의 자유와 그리스도교의 법적 권리를 보장한 밀라노 칙령을 발표했다.

잡지를 펼치면, 둥글게 부푼 아이티 '제1 시민'과 그의 유명한 신부 미셸 뒤발리에의 결혼기념일에 대한 길고 경애하는 글 옆에 커다란 사진이 있다. 사진 속의 미셸은 백인 및 크리올[3] 엘리트의 지도자로서 태연하고 차분하고 우아한 모습이다. 팔찌를 찬 그녀의 팔을 다른 여인이 정답게 감쌌고, 이 여인은 존경과 복종으로 가득 찬 눈빛까지 바치고 있다. 사진 옆에 인용된 그녀의 말을 보면 자신의 아첨성 행동만으로는 부족하다고 느낀 것이 분명하다. "대통령 영부인은 느끼시고, 아시며, 자신의 사랑을 말뿐이 아니라 눈에 보이는 실체적인 행동으로써도 보여주고자 하시는 분입니다." 이 외침은 이어진 사회 페이지의 헤드라인에서도 메아리친다. "영부인님, 나라가 당신 필생의 사업으로 진동합니다."

그 사진에 눈이 머문다. 이처럼 아낌없는 찬사를 받는 여인은 수천만 사람들에게 콜카타의 마더 테레사로 알려진 바로 그

---

3) 크리올(Creole)은 본래 프랑스인, 스페인인, 포르투갈인 등 유럽인의 자손으로 식민지(특히 서인도 제도와 아메리카 대륙)에서 태어난 사람을 이르나, 오늘날에는 유럽계 후손 외에 현지인과의 혼혈을 포함시키기도 한다. 지칭 범위는 지역에 따라 매우 다양하며, 혈통과 무관하게 문화적 의미로 쓰이는 수도 있다.

여인이다. 몇 가지 의문이 즉시 튀어나온다.

우선, 이 사진이 혹시 조작된 것은 아닐까? 「공격」의 능란한 편집자들이 순진한 이방인을 선전용 방문객으로 악용해, 그녀 입에 말을 만들어 넣고 난처한 입장에 빠뜨린 걸까? 대답은 '아니다' 쪽일 듯하다. 이 책자는 1981년 1월호인데, 그해에 아이티를 방문한 마더 테레사를 찍은 필름이 있기 때문이다. CBS 다큐멘터리 프로그램 「60분」이 방영한 이 필름에서 마더 테레사는 카메라를 향해 미소 지으며 미셸 뒤발리에에 대해, 살아오는 동안 많은 왕과 대통령들을 만났지만 "가난한 사람들이 국가의 우두머리와 이토록 친근한 경우는 처음 보았다. 내게는 아름다운 배움의 경험이었다."라고 말한다. 이것과 그 밖의 은총에 대한 보답으로 마더 테레사는 아이티 국가훈장 레종 도뇌르를 받았다. 지배자 부부에게 찬사를 보내는 그녀의 단순한 증언은 국영 TV 방송에서 매일 밤 최소 일주일 동안 방영되었다.

훈장을 받은 때부터, 아이티 국민이 장-클로드 및 미셸과 너무도 '친근한' 나머지 그 부부가 자기들의 짐가방을 국고 재산으로 채우고 프랑스 리비에라로 영영 도망치는 데 시간이 아슬아슬했을 정도였던 시기까지 마더 테레사가 이 필름에 대해 항의를 제기했다는 얘기는 알려진 바 없다. 그녀는 자신의 견해를 널리 알릴 수단들을 갖고 있는데도 말이다.

다른 의문들 또한 고개를 쳐드는데, 그 모두 성자다움, 소박, 겸양, 그리고 가난한 자들에 대한 헌신에 연관된 것들이다. 다른 무엇보다도, 마더 테레사는 왜 포르토프랭스(아이티의 수도)에서 이 나라의 과두 지배자들과 사진을 찍고 수상식을 치르고 한 걸까? 도대체 아이티에서 뭘 하고 있었던 걸까?

세계가 필요로 한 것은 고뇌하면서도 기꺼이 복종하는 자세로 콜카타 빈자들의 발을 씻어주는 그녀의 모습이었다. 정치는 그녀의 전문이 아니었다. 지구 반대편 카리브 해의 찌는 듯한 독재 정치는 더더욱 그랬다. 오랫동안 아이티는 대지의 저주받은 사람들이 가장 잔혹하고 변덕스러운 취급을 당하는 곳으로 악명이 높았고, 그런 평가는 당연했다. 이것이 자연 재해나 변경할 수 없는 불운의 결과가 아니라는 점 또한 누구나 분명히 알고 있는 터였다. 아이티 섬은 별나게 무감각하고 탐욕스러운 포식자 계급이 틀어쥐고 있었고, 이 계급은 가차 없는 무력을 동원해 가난한 자와 수탈된 자들을 그들 자리에 묶어 두었다.

미소 짓는 두 여인의 사진을 다시 보자. 마더 테레사에 대한 일반적인 생각으로 볼 때 이것은 '맞지' 않는다. 요즘 쓰는 표현으로 하자면 '계산이 나오지' 않는다. 어떤 이미지인지, 어떻게 인식되는지가 모든 것이며, 이 점에서 성공한 사람은 자신의 신화를 결정할 능력, 스스로 매긴 값어치대로 대접받을 능력을 갖게 된다. 행동과 말은 평판에 의해 판단되지 그 반대가 아니다. 그러니 사진을 잠시 빛을 향해 들고 음양을 바꾸어 보도록 하라. 뒤집힌 흑백이 말하는 이야기가 흐릿하기는커녕 더 진실한 이야기는 아닐까?

글을 쓰는 내 앞에는 또한 마더 테레사가 두 눈을 겸손하게 내리깐 자세로 '존-로저'로 알려진 사내와 친근한 정도로 떨어져서 찍은 사진이 놓여 있다. 별 관심 없이 얼핏 보면 둘이 서 있는 곳은 콜카타 빈민굴 같다. 그러나 자세히 보면 뒤쪽의 궁핍한 사람들은 배경으로 덧붙여진 것이다. 이 사진은 조작된 것이다.

가짜라는 점에서는 존-로저도 마찬가지다. 종종 '인사이트(통찰)'라고 불리지만 보다 정확히는 MSIA('영적인 내면의식 운동'의 약자이며 '메시아'로 읽는다)라는 이름을 지닌 광신집단의 지도자로서 그가 벌이는 사기 행각은 가히 초서[4]급이다. 대중에게는 아마도 그의 추종자였던 아리애나 스타시노풀로스 허핑턴—

---

4) 영국의 시인인 제프리 초서(1343경 ~ 1400)를 말한다. 영문학의 아버지로도 불린다. 대표작은 「캔터베리 이야기」이다.

그녀의 남편 마이클 허핑턴은 자신이 받은 유산 중 4200만 달러를 들여 캘리포니아 주 연방 상원의원 선거에 나갔다가 떨어졌다.—에게서 돈을 뜯어낸 것으로 가장 잘 알려졌을 테지만, 존-로저는 자신이 예수 그리스도보다도 우월한 '영적 의식'이라고, 그런 의식의 소유자라고 거듭 주장해왔다.

이런 주장에 판정을 내리기는 힘들다. 그렇더라도 마더 테레사의 소박한 시각으로는 그런 주장이 신성모독에 해당된다고 생각할 법하다. 한데 그녀를 보라. 존-로저와 교유하며 그에게 자신의 이름과 이미지가 발하는 위광을 빌려주고 있는 것이다. MSIA가 부패하고 광적인 단체라는 사실이 인쇄매체를 통해 여러 차례 폭로되었다는 점, 그리고 사이비 종교 경계 네트워크가 이 조직을 '매우 위험하다'고 분류했다는 점에 유의할 필요가 있다.

이 조작 사진은 본디 마더 테레사가 1만 달러짜리 수표를 받는 중요한 행사를 기록한 것이다. 그 돈은 '성실상(賞)'이라는 이름으로 존-로저가 —신장 수술 직후 환영을 통해 자신의 신성(神性)을 실현했다는 그가—직접 수여했다. 물론 마더 테레사 옹호자들은 할 말이 많을 것이다. 그네들의 여주인공은 너무 순수해서 다른 이의 부정을 알아채지 못한다. 그리고 1만 달러는 누가 뭐래도 1만 달러이며, 레닌이 (유베날리우스를 인용하여) 즐겨 말했듯 '돈에는 냄새가 없다.' 그러니 그녀가 또 한 번 콜카타를 떠나 번쩍이는 틴슬타운으로[5] 여행해 구세주 그분보다 더 위에 있다고 주장하는 도사에게 위광을 나눠준다 한들 뭐가 이상하단 말인가?

이 사소한 이야기가 진행되면서 우리는 마더 테레사가 몇몇 다른 사기꾼, 악당 및 착취자들과 어울리는 것을 보게 될 터이다. 어떤 지점에서 그러한 연관이 우연 아닌 것으로 될까? 그녀의 옹호자들도 스스로에게 이 같은 한 점의 회의는 허락할 수 있지 않을까.

또 다른 사진 한 세트가 이 사진첩을 마감한다. 이번에는 기도로 충만한 자세의 마더 테레사 양쪽에 힐러리 로댐 클린턴과 메리언 배리[6]가 서 있다. 마더 테레사는 워싱턴 D.C. 근교에 아이들 8명이 머물 수 있는 입양 알선 시설을 여는 참이었다. 메리언 배리한테는 굉장한 날이었을 것이다. 그는 워싱턴 D.C. 시장 시절 국가의 수도를 구걸과 부패의 도시로 전락시켜놓고, 학교에

---

5) 틴슬타운(Tinseltown)은 '값싸고 번드레한 도시'라는 뜻으로 할리우드의 별명이다.
6) 메리언 배리(1936~ )는 1979년부터 91년까지, 그리고 95년부터 99년까지 두 차례에 걸쳐 모두 16년 동안 워싱턴 D.C. 시장을 지낸 흑인 정치가다.

서의 기도 의무화를 주장함으로써 자신의 약점을 덮으려 했던 사람 아닌가. 힐러리 로댐 클린턴에게도 멋진 날이었을 터이다. 국민건강보험에 관해 4반세기에 걸쳐 형성되고 무르익은 정책 연합을 거의 혼자 힘으로 부숴버린 사람이니.

1995년 6월 19일에 있은 이 사진 촬영 행사는 앞선 3월 영부인 힐러리가 인도 아대륙을 여행할 때 씨앗이 뿌려졌다. 동행 취재한 「워싱턴 포스트」의 몰리 무어 기자는 기사에서 이 방문이 빛 좋은 개살구 성격의 행사라는 점을 분명히 했다.

클린턴 여사의 자동차 행렬이 어제 파키스탄의 시골을 바삐 지나갈 때 길 옆에 밝은 색깔의 직물로 길게 설치한 울타리가 가려준 것은 마구잡이로 뻗어 있는 연기 자욱한 쓰레기 하치장이었다. 거기서는 소년들이 잡동사니들을 뒤지고, 몇몇 가난한 가족은 마분지 조각과 넝마, 플라스틱 따위로 오두막을 지어 놓고 있었다. …… 또 한 번은, 수도 이슬라마바드를 내려다보는 경치 좋은 마르갈라 동산을 영부인이 걸어서 오를지도 모른다는 소문을 듣고 파키스탄 관리들이 동산 속 마을에 이르는 도로 16킬로미터를 황급히 포장했다. 그녀는 산에 가지 않았지만(백악관 경호팀에서 그 제안을 거부했다) 마을 사람들은 수십 년 동안 요청해온 포장도로를 얻게 되었다.

서방 지도자들은 이런 식으로 세계의 빈자들에게 잠깐 인상을 남기고는, 그 경험 덕에 꽤나 정화되고 숙연해져서는 귀국 비행기를 탄다. 마더 테레사의 기관에 들르는 것은 그 지역을 방문하는 모든 유명 인사의 절대 준수 사항이고, 클린턴 여사도 전례를 깨지 않을 터였다. "자동차, 버스, 인력거와 보행자들이 눈 닿는 데까지 밀려 있는 교차로들을 경주하듯 달려서" 그녀는 마더 테레사의 뉴델리 고아원에 도착했다. 그곳에서는, 동행한 기자의 말을 다시 인용하자면, 평소엔 별 쓸모없는 얇은 면 기저귀만 채워줘서 피부에 발진이 생기고 오줌 지린내를 지독하게 풍기던 아기들이 미국산 일회용 기저귀 팸퍼스를 차고 새로 바느질된 꽃무늬 앞치마까지 걸치고 있었다.

좋은 일을 베풀면 보답이 따르는 법. 뒤이은 마더 테레사의 워싱턴 방문은 클린턴 여사와 배리 시장 모두에게 공짜로 느긋하게 자기 명성을 보살필 기회를 주었다. 아이들 12명이 머물 수 있는 새 입양 알선 시설은 수풀 우거지고 단정한 분위기의 체비 체이스 교외에 있었다. 그리고 마더 테레사가 1981년 10월 워싱턴을 방문해 애너코스티아 지역의 황폐한 빈민가에 그녀 얼굴의 빛을 비춰주었을 때 일어난 일을 언급할 만큼 심술궂은 사람도 없었다. 포토맥 강 건너편에 거의 격리된 것이나 마찬가지인 애너코스티아는 워싱턴 흑인들의 수도 격이었는데, 그녀가 이끄는 사랑의 선교회(Missionaries of Charity)가 거기서 활동을 고려하는 데 대해 주민들 간에 의심이 팽배했다. 그들은 자기네를 무력하고 비참한 제3세계 사람들과 한가지로 보는 듯한 눈초리를 불쾌해하는 것으로 알려졌다. 실제로 마더 테레사가 기자 회견을 하기 직전에 일단의 흑인들이 그녀 사무실에 밀고 들어왔다. 그녀의 조수 라티 스리드하르의 얘기를 듣자.

그들은 매우 흥분한 상태였어요. …… 애너코스티아에 필요한 것은 제대로 된 직장과 주택, 공공 서비스지 자선이 아니라고 그들은 말했어요. 마더는 그들과 논쟁하지 않고 그냥 듣기만 했습니다. 마침내 그들 중 하나가 그녀에게 여기서 무엇을 할 생각이냐고 물었어요. 마더는 말했습니다. "우리는 우선 서로 사랑하는 법을 배워야 합니다." 그들은 뭐라 답해야 할지 모르더군요.

아무렴, 몰랐을 것이다. 하지만 전에도 흔히 들어본 소리여서 그랬을 수도 있다. 어쨌거나 기자회견이 시작되었을 때 마더 테레사는 모든 '오해'를 신속하게 씻어낼 수 있었다.

"테레사 수녀님, 여기서 이루기를 바라시는 것이 무엇입니까?"

"사랑하고 사랑받는 기쁨입니다."

"그러려면 돈이 많이 들 텐데요. 그렇죠?"

"많은 희생이 필요하지요."

"가난한 사람들에게 그들의 운명을 견디라고 가르치십니까?"

"가난한 사람들이 자신의 운명을 받아들이는 것은 매우 아름다운 일이라고 나는 생각합니다. 그것을 그리스도의 수난과 공유하는 것 말입니다. 나는 가난한 사람들의 고난이 세계에 많은 도움을 주고 있다고 생각합니다."

메리언 배리는 물론 이 행사에 참석하는 은혜를 베풀었다. 그리고 성테레사 교회의 흑인 목사 조지 스톨링스도. 14년이 지난 지금, 애너코스티아는 그때보다 환경이 더 열악해진 빈민가이며,

스톨링스 목사는 개신교에서 떨어져 나가 주로 자신을 신봉하는 흑인만의 가톨릭 단체를 설립했다(그는 최근 어린 회중 한 명의 순결을 짓밟은 혐의로 곤욕을 치르기도 했다). 구원(救援)의 용도를 온전히 터득한 사람은 메리언뿐이어서, 그는 감옥에서 거듭나 대중선동 정치가로 워싱턴 D.C. 시장에 재선되었다.

그러면 마더 테레사가 미셸 뒤발리에와 자매처럼 포옹하고 있는 사진을 다시 보자. 현대 세계의 가장 냉소적이고 천박하며 못된 여성 중 하나, 백색으로 칠한 무덤 같은 위선자이자 가난한 사람들의 피를 빨아먹는 기생충인 그녀와 말이다. 이 사진과 그 맥락은 마더 테레사의 본질을 공표해준다: 근본주의적 종교인, 정치 공작자, 원시적 설교가이자 세속 권력의 공범자. 그녀의 사명은 늘 이런 유였다. 아이러니는, 자신을 믿게끔 그녀가 설득할 수 있었던 사람이 하나도 없었다는 점이다. 이제 뒤늦게나마 그녀에게 합당한 예우를 갖춰 그녀의 말들을 액면 그대로 받아들여 살펴볼 때다.

의회도서관 전자 색인에 마더 테레사를 다룬 책의 목록을 요청하니 20여 권이 나왔다. 윌리엄 제이 제이콥스가 쓴 『마더 테레사: 가난한 사람들 돕기』, 에드워드 르 졸리의 『마더 테레사: 영광의 세월』, 좀 더 흥미로울 듯 싶었으나 앞의 저자가 비슷한 요지를 반복한 책인『마더 테레사: 사랑의 여인』, 린다 칼슨 존슨의『마더 테레사: 병든 이들의 보호자』, 수전 얼스틴의『마더 테레사: 세계의 고통받는 사람들을 섬기기 위하여』, 캐럴 그린의『마더 테레사: 벗 없는 사람들의 벗』, 그리고 벳시 리의『마더 테레사: 하느님의 모든 아이들 돌보기』…… 아주 눈에 띄는 제목만 봐도 이 지경이다. 이런 것 중 가장 중립적인 제목의 책인 러시 제르지 박사의『마더 테레사: 삶과 일』조차 마더 테레사와 같은 알바니아 출신 동료 종교인이 쓴, 전기의 허울만 갖춘 일종의 신앙고백 팸플릿으로 드러났다.

정말, 전반적으로 어찌나 경건한지 잠시 동안은 그게 당연해 보였을 정도다. 하지만 위 제목들을 소리 내어 읊어보면―마더 테레사, 가난한 사람들을 돕는 자, 병든 이들의 보호자, 고통받는 사람들을 섬기는 자, 벗 없는 사람들의 벗―우리는 성모 기도의 호칭을 흉내 내며 우리 나름의 '아베 마리아(성모송)' 문구를 즉석에서 만들어내는 셈이 된다. 호칭에 쓰인 표현의 규모 또한 눈여겨 볼 일이다. 세계의 고통받는 사람들, 하느님의 모든 아이들 등. 이쯤 되면 그녀가 성인으로 만들어지는 중이며, 장차 우리가 그 성인의 터와 자취들을 숭배케 되리라는 것, 그녀가 이미

광신에 가까운 추종의 인격적 대상이라는 것을 알게 된다.[7]

지금 교황(요한 바오로 2세)은 유난히 시성(諡聖) 절차를 좋아한다. 16년 동안 그는 20세기의 전임 교황들이 시성한 숫자를 전부 합친 것의 다섯 배에 이르는 성인을 만들어냈다. 복자(福者)[8] 수도 크게 늘어, 성스러움의 곁방을 든든하게 채웠다. 1588년부터 1988년까지 바티칸이 시성한 성자는 679명인데, 요한 바오로 2세 재위 기간에만 지금(1995년 6월)까지 271명이 시성되고 631명이 시복되었다. 수백 건이 차례를 기다리고 있으며, 그중에는 스페인 이사벨라 여왕의 시성 청원도 들어 있다. 다루는 방식이 어찌나 신속하고 대대적인지 예전에 기독교를 믿는 중국 장군들이 병사들을 소방 호스로 집단 세례시킨 일이 연상될 정도다.[9] 1987년의 한 행사에서는 단 하루 동안 잉글랜드, 스코틀랜드, 웨일스와 아일랜드의 순교자 85명이 시복되었다.

---

7) 마더 테레사(1910∼1997)는 이 책이 나온 지 8년 만인 2003년에 교황청에 의해 복자(福者) 반열에 올려졌으며, 성인으로 올리는 시성 절차가 진행 중이었다.

8) 복자란 한마디로 천주교의 준(準)성인이다. 죽은 사람의 덕행과 신앙을 증거하여 공경의 대상이 될 만하다고 교황청에서 공식적으로 지정해 발표한 사람을 이른다.

9) 기독교를 믿은 중국 군벌이며 장제스(蔣介石)의 경쟁자 중 하나였던 평위샹(馮玉祥, 1882∼1948)이 부하들에게 그런 식의 세례를 한 것으로 전해진다.

성인 신분이란 결코 사소한 게 아니다. 성인은 신과 인간 사이에서 중재의 힘을 지닌다. 언급된 성자에게 기도가 전해지게 되는 것이다.[10] 교회가 대체로 기적과 발현(發顯)을[11] 인정해주는 데 느리고 숱한 교황들이 시성 절차에 느렸던 것은, 인간사에 대한 신의 개입이 너무 문란하게 인정될 경우 명백한 위험이 발생하기 때문이다. 나병 환자 한 명을 고칠 수 있다면 신도들이 물을지 모른다. 왜 모두 고칠 수는 없는 거지? 기적을 너무 쉽게 인정하면, 소아 백혈병이나 대중 빈곤 및 불의 같은 문제에 대해 '주님은 신비스럽게 일하는 걸 좋아하신다'는 성에 안 차는 상투적 답변을 내놓기가 더 어려워진다. 이 오래된 문제 때문에 시성 분야에서

---

10) 여기서 원문의 'intercession'을 포괄적인 의미로 '중재'라 했지만, 가톨릭 용어에서 이 말은—특히 기도와 연관될 때—'전구(轉求)'라 한다. 전구란 원래 다른 사람을 위해 탄원한다는 뜻을 갖고 있으나, 보통은 성모 마리아나 성인을 통해 바라는 바를 간접적으로 하느님께 전달하는 것, 그 기도를 가리킨다. 보통 "성모 마리아(혹은 ~성인)는 우리를 위하여 우리 주 천주께 비소서." 같은 형식을 취한다. (이하 가톨릭 용어와 그 설명은 천주교 서울대교구에서 주관하는 '가톨릭 인터넷 굿뉴스' 사이트의 '가톨릭대사전'을 참조했음.)
11) 기독교에서 발현(apparition)이란 하느님이 허락하여 보통의 인간이 보거나 들을 수 없는 물체를 목격하게 되는 영적인 경험을 말한다. 발현이 주장될 때 교회는 사실의 증거를 요구한다. 성모 마리아가 초자연적으로 나타나는 일(성모 발현)도 이에 속한다.

대량생산 방식을 취하기는 쉽지 않게 마련이다.

전통적으로 '성인'은 적어도 한 번의 기적을 행하고, '선행'을 하고, '영웅적 덕행'[12]을 보이고, 편재성(遍在性)이라는 물리적으로 어려운 속성을 지녀야 하지만 많은 사람들, 심지어 로마 가톨릭 신자가 아닌 사람들조차 이미 마더 테레사가 성녀라고 단정해버린 상태다. 바티칸의 '시성시복 성성'[13](이사벨라 여왕 같은 까다로운 경우를 다루는 곳) 관계자들은 통례적인 침묵과 신중의 관행을 깨고 마더 테레사의 시복과 궁극적인 시성을 기정사실화하고 있는 판이다. 이 같은 성취를 마더 테레사가 싫어할 리야 없겠지만, 그녀의 원래 목표 중에는 없는 일이었을지 모른다. 마더 테레사의 생애가 보여주는 것은 그보다는, 새로운 수도회를 창립하고―그녀의 사랑의 선교회에는 현재 약 4천 명의 수녀와 4만 명의 평신도 일꾼이 있다.― '수도회칙'과 '규율'의 창시자

---

12) '영웅적 덕행'이란 일상 수준을 초월한 방법으로 실천한 덕행이다. 마지못해 행한 것이 아니라 장기간에 걸쳐 기쁜 마음으로 수행할 때 이를 영웅적 덕행이라 한다. 시성의 핵심 조건으로 요구되는 영웅적 덕행을 실천하는 자는 시복이나 시성이 되기 전에는 '가경자(可敬者)'로 선언되고 '하느님의 종'이라 불린다.
13) '시성시복 성성(聖省)'은 교황청 기구의 하나로 시성과 시복에 관한 복잡한 절차를 담당한다.

로서 성 프란체스코 및 성 베네딕트와 어깨를 겨루겠다는 결의다.

마더 테레사의 가난 이론은 굴종과 감사의 이론이기도 하다. 그녀는 권력 이론 또한 갖고 있는데, '하느님이 정하신' 세속의 '권세'에 대한 성 바울로(사도 바울)의 소홀히 취급돼온 언급에서 파생한 것이다.[14]

마지막으로 그녀는 매우 단호하고 정치화한 교황 체제가 파견한 사절이다. 그녀의 세계 여행은 순례자의 방랑이 아니고 권력의 필요에 부응하는 캠페인이다. 마더 테레사는 도덕 이론 또한 갖고 있다. 자체의 난점들이 있긴 하지만, 이해하기가 어렵지는 않다. 그리고 마더 테레사는 '카이사르의 것'과 연관한 성서 구절의 구사법을 완벽하게 이해하고 있다.

'하느님의 것'은 믿음을 지닌 자들의 문제다. 혹은 어쨌거나 다른 이들이 믿음을 지닌 것에 안도하는 자들 몫이다. 우리 세계의 부유한 쪽은 양심이 가난하다. 그리고 다른 면에서는 만족스러운 삶을 사는 숱한 사람들이 스스로 상상하는 바 그녀의 자선을 통하여 대리 삶을 살기로 결심했단들 그게 이 알바니아 수녀 탓은

---

14) 권력에 대한 사도 바울의 이 말은 신약 「로마서」 13장 1절에 나온다. "각 사람은 위에 있는 권세들에게 굴복하라. 권세는 하느님께로 나지 않음이 없나니 모든 권세는 다 하느님의 정하신 바라."

아니다. 이 책에서 이어질 논의의 상대는 속이는 자가 아니라 속는 자들이다. 마더 테레사가 어리숙하고 비판 능력 없는 숱한 관찰자들이 숭배하는 대상이라 한들 그게 그녀 탓, 혹은 그녀만의 탓은 아니다. 환상이 만들어지는 점진적 과정에서 마술사는 청중의 도구일 뿐이다. 그는 심지어 스스로 사기꾼이자 영악한 눈속임쟁이라고 밝히면서도 청중을 꼬드길 수 있다. 라틴어 속담에도 있지 않은가. 사람들은 속기를 바라니, 속여먹으라.

# 기적 하나

천재지변, 무질서, 경이로운 것, 기적 등 현명한 감독자의 계획에 가장 반하는 것들이 인류에게 가장 강력한 종교 감정을 주입한다.

　　　　　　　　　　　　　　　　　—데이비드 흄, 『종교의 자연사』


통틀어 보면 신비, 기적 및 예언은 진정한 종교가 아니라 터무니없는 종교의 부속물이다. 그것을 수단으로 하여 여기를 보라! 저기를 보라! 하는 그 숱한 소동이 세계로 뻗어 나갔고, 종교가 장사로 변했다. 한 사기꾼의 성공이 다른 사기꾼을 부추겼고, 경건한 협잡을 지속하며 뭔가 착한 일을 하고 있다고 자위하니, 회개의 필요도 느끼지 않았다.

　　　　　　　　　　　　　　　　　—톰 페인, 『이성의 시대』


그렇게 우리는 눈에 띄는 동기 요소가 소망 충족인 환상을 믿음이라 부르고, 그러면서 믿음과 실재의 관계를 고려하지 않는다. 환상이 검증을 중시하지 않는 것과 마찬가지로.

　　　　　　　　　　　　　　　—지그문트 프로이트, 『환상의 미래』

중재야말로 성인임의 증명이고, 이를 입증하는 것이 바로 기적이다. 마더 테레사는 이미 인간 이상의 그 무엇으로 숭배받는 터이지만, 우리에게 공통된 운명을 초월해 성모의 교회로부터 기적을 행하는 자라고 명명받는 데까지는 이르지 못했다. 의회도서관에서 찾은 테레사 관련 도서 목록을 인쇄해서 보니 거의 모든 책이 1980년대와 1990년대에 나왔고, 목록을 전부 훑고 나서야 비로소 목록에서 빠진 것을 주목하게 되었다. 1971년 출간된 맬컴 머거리지의 저서다.[15] 이 책은 마더 테레사의 기적이 이미 일어났다고 주장했다.

머거리지의 책 『하느님을 위한 아름다운 것』은, 1969년 BBC가 방영한 동명 다큐멘터리의 결과물이었다. 머거리지는 TV와 쇼 비즈니스의 행태를 조롱하는 일로도 제법 경력을 쌓은 사람인

바, 자신이 어떤 효과를 예상하며 이 기획물을 시작한 것은 아니라고 주장했다. "마더 테레사의 인생관은 카피라이터들에겐 불모의 땅이다." 그는 말했다. "그리고 그녀가 소중히 감싸는 최빈층은 시청률에는 거의 도움이 되지 않는다." 촬영 시작 당시엔 혹 진심이었을지 모르겠으나 이 부정직한 말은 방송이 시작되자마자 거짓이 되고 말았으니, 이 영상물과 뒤이은 책이야말로 마더 테레사의 '이미지'가 국제적 망막에 새겨진 시발점이라고 할 수 있는 것이다.

머거리지 기획의 요체, 아니 마더 테레사 숭배 전체의 요체는 콜카타가 지옥 구덩이라는 인상에 있다.

어쩌다 보니 나는 30년대 중반 콜카타에서 「스테이츠먼」 신문의 기자 노릇을 하며 18개월 동안 살게 되었는데, 그곳은 유럽식 생활의 온갖 위락—냉장고, 하인, 아침에 마이단 공원이나 조드퍼 클럽에서 말을 타는 것 등등—에도 불구하

---

15) 맬컴 머거리지(1903~1990)는 영국의 저명한 저널리스트이며 저술가다. 신에 관해서는 본디 불가지론자였으나 만년에 기독교에 귀의해 종교와 신앙에 관한 여러 권의 책을 썼으며, 마더 테레사를 '발견'한 사람으로도 알려졌다.

고 견디기가 매우 힘들었다.

머거리지 시대 이래 이 도시는 나름의 극심한 곤란을 겪은 것은 물론, 세 번에 걸쳐 비참한 난민의 큰 물결이 흘러들기도 했다. 독립 이전에 멍청한 영국 식민 당국의 결정으로 그 자체가 분할된 벵골 지역은 1947년 인도 아대륙이 인도와 파키스탄으로 나뉘는 사태의 예봉을 정면으로 맞아야 했다. 1971년 방글라데시 전쟁, 그리고 훗날 인접한 아삼 주에서의 종파간 국지전들이 벌어지면서 콜카타의 인구는 수용 한도를 훨씬 웃도는 수준으로 부풀었다.[16] 노상 생활자들을 찍은 사진이 극빈의 상징이 되어 국제적으로 널리 알려지기에 이르렀다. 마더 테레사가 '가난한 자중에도 가장 가난한 자들과 낮은 자 중에도 가장 낮은 자들'을 강조한 것은 끔찍한 암흑의 도시로서 콜카타의 인상을 강화시켰고, 숱한 벵골인들이 이런 인상에 대해 짜증이 날 것은 당연하다.

콜카타 방문자를 기다리고 있는 기분 좋은 놀라움은 이런 것이다: 이곳은 과장하기조차 어려울 정도로 비좁고 더럽지만, '결코

---

16) 콜카타는 인도 서뱅골 주의 주도(州都)이며 인구가 1400만 명을 넘는다.

비루하지는 않다'는 점이다. 콜카타 사람들은 삶에 의욕을 잃지도 않고, 굽실거리며 살지도 않는다. 그들은 일하고, 고투하며, 대체로 (특히 뭄바이 같은 겉보기에 더 부유한 도시들과 비교할 때) 구걸을 하지 않는다. 이것은 타고르의 도시, 라이와 보스와 므리날 센의 도시며[17], 문화와 민족주의가 크게 융성했던 도시다. 영화가 있고, 극장이 있고, 내학 학과들과 잡지들이 있으며, 그 모두가 높은 수준이다. 라구비르 싱의 사진들은 이곳 건축의 아름다움과 다양성은 물론 사람들의 활력까지 증언한다. 국제주의 기질이 강한 세속-좌파 정치가 지배적인데, 난폭한 종교의 해독에 크게 시달린 지역이니 놀라운 일도 아니라 할 것이다.

몇 해 전 이 도시를 직접 방문했을 때 나는 세계의 머거리지들이 내뱉는 반콜카타 선전이 뭐랄까 사기였다는 느낌을 즉각 받았다. 그리고 보스로(路)에 있는 사랑의 선교단 사무실에 들어가면서는 일종의 쇼크를 받았다. 첫째는 문 위에 새겨진 글귀, "훈계를 좋아하는 자는 지식도 좋아한다." 출처는 모르겠으나 뭔가 교

---

17) 시인 라빈드라나드 타고르(1861~1941), 영화 「아푸의 세계」를 만든 영화감독 사티아지트 라이(1921~1992), 아인슈타인과 함께 일한 물리학자이자 식물생리학자인 자가디스 찬드라 보스(1858~1937), 그리고 '콜카타 3부작'으로 유명한 영화감독 므리날 센(1923~ )을 말한다.

도 시설의 분위기를 풍기는 문구였다.[18] 마더 테레사가 몸소 안내에 나섰다. 사람들이 자신의 샌들 신은 발에 입 맞추는 것을 그러려니 하고 받아들이는 태도가 별로 마음에 들지 않았지만, 그것에 대해서는 판단을 유보키로 하였다. 지역의 풍속인데 내가 제대로 이해를 못하는 것인지도 몰랐으니까.

어쨌든 고아원은 감동과 감명을 주는 바 있었다. 아주 작고(이건 전혀 부끄러울 게 없다) 아주 깨끗했으며, 격려하는 분위기가 감돌고, 운영자들은 호감이 가고 신실해 보였다. 작은 침대 하나가 비었는데 거기 누웠던 아기는 전날 밤을 넘기지 못했다는 거였고, 빈 자리를 채우는 일에 대한 토론이 진지했다. 헌금을 내려고 내가 주머니 속을 손으로 더듬기 시작할 즈음 마더 테레사가 내 쪽으로 몸을 돌리더니 풍경 전체를 껴안는 듯한 자세를 취하며 말했다. "보세요, 우리는 이런 식으로 낙태, 피임과 싸운답니다."

그 말이 아니었다면, 이렇게 작은 시설이 그토록 거대한 문제

---

18) 저자는 출처를 모른다고 했으나, 이 구절은 구약성서의 「잠언」 12장 1절에 나온다. 뒷부분까지 온전히 보면 다음과 같다. "훈계를 좋아하는 자는 지식을 좋아하나니 징계를 싫어하는 자는 짐승과 같으니라."『쉬운 성경』에서는 이 구절을 다음과 같이 풀어 옮겼다. "징계를 달게 받는 사람은 슬기롭지만, 책망을 싫어하는 자는 어리석다."

에 기여해봤자 양동이에 물 한 방울 정도라고 굳이 짚고 넘어가는 것은 좀스러워 보였을 터이다. 하지만 콜카타에서 얼마간이든 시간을 보내고서도 이 도시에 가장 필요한 것이 산아 제한에 반대하는 캠페인이라고 결론 내리기는 힘들다. 또한, 마더 테레사가 현지 사정을 근거로 이런 판단을 내린 것도 물론 아니다. 그녀는 그곳에 가기 오래전부터 원칙적으로 낙태와 인구 조절에 반대하는 입장이었다. 그녀한테 콜카타는 훨씬 규모가 큰 전쟁의 한 전선일 따름이다.

현실의 콜카타에 대한 머거리지의 숙명론적 혐오는 그로 하여금, 이 도시가 고통받는 이유는 예수로부터 너무 멀리 떨어져 있기 때문이라는 마더 테레사의 신비주의적 처방을 보다 쉽게 받아들이게 만들었다. 결국 잘도 속아 넘어간 그는 다음의 글을 쓰게 되는데, 길게 인용할 만하다(인용에 앞서, 머거리지의 BBC 작업 팀에는 케네스 클라크 경의 미술사 시리즈 「문명」으로 대단한 명성을 얻은 뛰어난 카메라맨 켄 맥밀런도 들어 있었음을 밝혀야겠다).

이 '죽어가는 이들을 위한 집'은 벽 꼭대기에 난 작은 창을 통해 들어오는 빛으로 실내가 희미했다. 켄은 그곳에서 촬영

이라니 말도 안 된다며 버텼다. 우리에겐 작은 조명등 하나 밖에 없었기에 주어진 시간 안에 그곳을 적절하게 조명하는 일은 전혀 불가능했다. 그럼에도 불구하고 켄이 시도는 해봐야 한다고 결정했다. 켄은 일종의 보험으로 환자 몇이 햇볕을 쬐고 있는 바깥 마당 장면도 몇 컷 찍어두었다. 현상을 해보니 실내 장면은 각별히 아름답고 부드러운 빛에 잠겨 있는 반면, 야외 장면이 오히려 희미하고 혼란스러웠다. …… 나 자신은 절대 확신하고 있다. 기술적 설명이 불가능했던 그 빛은 사실 〔추기경〕 뉴먼이 그의 잘 알려진 아름다운 찬송가[19]에서 언급한 바 있는 그 '자애로운 빛'이었다고.

머거리지가 은유적으로 말하려 한 것도 아니다. 집 안에서 자신이 목격한 사랑에 대해 그는 이렇게 쓰고 있다.

〔그것은〕 빛을 냈다. 화가들이 성자들의 머리 둘레에서 보아내고 가시화했던 후광처럼. 그 빛이 촬영 필름에 묻어났다

---

19) 한국 찬송가 책에 429장으로 오른 「내 갈 길 멀고 밤은 깊은데」를 이른다. 존 헨리 뉴먼(1801~1890)은 영국의 종교인이며 신학자. 당초 영국 성공회의 사제였으나 1845년에 가톨릭으로 개종하고 추기경까지 올랐다.

는 게 나에겐 전혀 놀랍지 않다. 초자연이란 자연이 무한하게 투사된 것일 뿐이다. 가장 먼 수평선이 영원의 심상이듯이 말이다. 예수는 맹인의 눈에 진흙을 발라 뜨게 하지 않았던가.

얼마간 이런 기조로 가다가, 머거리지는 결론 지었다.

이것이야말로 기적이 있는 이유다. 하느님 창조 외형의 내적 실재를 드러낸다는 것. 켄이 최초의 진정한 영상 기적을 기록했다고 나는 믿는다.

"내가 그 일에 대해 지겨울 정도로 말하고 쓴 게 아닌지 걱정된다."라고 머거리지가 쓴 것은 과장이 아니었다. 그러니 켄 맥밀런 자신의 육성 증언을 듣는 일은 흥미롭다.

「하느님을 위한 아름다운 것」 중, 마더 테레사가 죽어가는 이들의 집[20]이라 부르는 건물을 우리가 방문하는 부분이 있었어요. 감독인 피터 체이퍼가 말하기를 "아, 여기는 아주 어둡네. 그림이 나올 것 같아?" 했지요. 출발 전 BBC에서 우리는 코닥 필름의 신제품을 막 배달받았지만 테스트는 못 해 보고 떠나온 참이었습니다. 그래서 내가 피터에게 말했지요. "뭐, 한번 해봅시다." 그렇게 우리는 촬영을 했습니다. 그리 고 몇 주 후, 한 달인가 두 달 뒤 돌아와서는 일링 스튜디오 의 러시 필름 시사실에 앉아 죽어가는 이들의 집에서 찍은 장 면들을 보게 되었는데, 놀라웠어요. 온갖 디테일이 다 보였 거든요. 그래서 내가 말했지요. "놀랍군. 이럴 수가 있나." 이어서 나는 코닥을 위해 만세 삼창을 외칠 참이었는데, 그 러지 못했습니다. 앞줄에 앉아 있던 맬컴이 몸을 돌리더니 내게 이렇게 말했기 때문이지요. "이건 신성한 빛이야! 마더 테레사잖아! 자네도 알 거야, 신성한 빛이라는 걸." 그러고 사흘인가 나흘 후부터 런던의 신문기자들이 전화로 내게 이 런 식의 질문들을 해 오더군요. "맬컴 머거리지 씨와 인도에 서 방금 돌아오셨고, 기적을 목격하셨다면서요."

그리고 스타가 탄생했다. 거론된 '기적'은 머거리지가 경멸하

---

20) 원문에서도, 인용되는 글이나 말에 따라 '죽어가는 이들을 위한 집 (Home for the Dying)', '죽어가는 이들의 집(House of the Dying)' 등 으로 이름을 다르게 쓰고 있다.

는 척했던 텔레비전 등 대중 매체를 중심으로 퍼져갔고, 켄 맥밀런의 증언은 아주 늦게, 너무도 늦게 나와서 그 확산을 막을 수 없었다. '최초의 진정한 영상 기적'보다 사실은 켄의 이 이야기가 훨씬 더 의미심장한 것이다. 이른바 '기적'에 대한 반론 불가능한 최초의 논박인 데다, 그 말을 한 사람이 단순한 하나의 '목격자'가 아니라 그 기적을 실제로 창조한 자이기 때문이다. 그래서 이 증언은 지금보다 더 폭넓게 알려질 가치가 있다. 그러나 현대의 테크놀로지와 커뮤니케이션은 오히려 소문과 신화가 갈수록 더 빠르고 효율 있게 어리석은 대중의 눈과 귀에 가닿는 것을 보장한다. 희한한 진보 아니겠는가.

「하느님을 위한 아름다운 것」 이후 마더 테레사 비판자들은, 커다란 문제는 물론 사소한 문제에서도, 대중이 지닌 통념의 엄청난 무게, 완전히 환상에서 온 것이 사실임에도 전혀 가벼워지지는 않는 그 무게와 맞설 수밖에 없었다.

머거리지는 그의 영상물과 저서 일이 진행되는 동안 나중에 곤란해질 수 있는 말들을 여럿 했다. 그의 시선에 경탄이 가득 차지만 않았다면, 예를 들어 다음의 일화가 어떤 범위의 해석들을 초래할지 그가 보지 못했을 리 없다.

시몬 베유 말마따나 기독교는 노예를 위한 종교다. 그리스도를 따르려면 우리는 스스로 노예가 되고 거지가 되어야 한다. 사랑의 선교회 재정이 늘 어려움에도 불구하고 마더 테레사는, 내가 어찌어찌 몇 백 파운드의 흐름 방향을 그녀 쪽으로 잡아주었을 때, 그 돈을 신입 수련수녀용 성합과 성배를 사는 데 씀으로써 나를 놀라게 하고, 정말로 매료했다. …… 그녀의 행동은 아마도 감송향유 낭비와 같은 선상에서 비판의 여지가 있을지 모르지만,[21] 내게는 큰 만족감을 주었으며, 그 후로도 그랬다.

마더 테레사의 목적이 순전한 종교 전도와 그것을 위한 수도회의 창설이라면 물론 그녀가 자선 기부금을 사용하여 이승의 물건

---

21) 「요한복음」 12장의 이야기에 빗댄 말이다. 예수가 나사로를 살린 후 그 집에 다시 갔을 때 마리아가 매우 비싼 나드(감송향) 향유 약 300그램을 가져와서 예수의 발에 붓고 자기의 머리카락으로 그 발을 닦았다. 이를 보고 제자인 가룟 유다가 "이 향유를 팔아 그 돈을 가난한 사람들에게 나누어주는 것이 좋지 않은가?" 하자 예수가 "내버려두어라. 마리아는 내 장례를 치를 날을 위해 이 향유를 준비해둔 것이다. 가난한 사람들은 너희와 항상 함께 있겠지만 나는 너희와 항상 함께 있지는 않을 것이다."라고 말했다고 한다. (히친스가 본문의 바로 다음 부분에서 전하는 감송향유 이야기는 성경 구절과 세부 사항이 조금 다르다.)

으로 제단을 꾸민단들 반대할 어떤 명분도 찾을 수 없을 터이다. 하지만 이 점이 사안의 핵심이라는 사실을 기부자들이 항상 의식하는 것 같지는 않다. 마더 테레사 자신도 다르게 주장한 적이 한 번도 없음을 인정해줘야 한다. 그녀는 심지어 기부금에 관해 머거리지를 안심시킬 때도 감송향유에 관한 성경 이야기는 하지 않고 이렇게만 말했다. "당신은 날마다 제단 위에서 그리스도의 몸체에 가까이 있을 거예요." 당시 머거리지는 가톨릭 신자가 아니었으므로, 이것이 화체설(化體說)[22]을 이중으로 교묘하게 구사한 것이라며 그가 이의를 제기할 근거는 없었다. 그는 오로지 자기 힘으로 감송향유의 알리바이를 생각해낸 것이다. (이것은 예수가 비싼 향유 상자를 개봉해서 자신의 발에만 바르는 대목이다. 그 사치품을 팔아 가난한 사람들을 도왔다면 더 좋았을 것 아니냐는 소박한 이의 제기에 그는 이렇게 답한다. "가난한 사람들은 늘 네 곁에 있지 않느냐." 어렸을 적 나는 이 유명한 경구가 상당히 불만이었다. 우리는 사치를 피하고 가난한 사람들을 돕거나 그러지 않거나 둘 중 하나다. 다른 한편, 가난한 사람들이 늘 우

---

22) 화체설이란 성찬식 때 먹는 떡과 포도주가 순간적으로 그리스도의 몸과 피로 변한다고 하는, 가톨릭 교회가 인정하는 학설이다.

리 곁에 있다면 딱히 서두를 필요가 없으며, 그들을 언제든 교훈적 이야기의 예증에 사용할 수 있다. 이 경우, 예언자풍으로 그들에게 은혜를 베풀고자 하는 자들로서는 '가난한 사람들이 늘 우리 곁에 있다' 기보다는 '가난한 사람들의 곁엔 늘 우리 같은 자들이 있다' 고 인정하는 편이 더 정직할 터이다.)

사람들이 생각하는 성자의 특성은 겸손과 자기 낮춤이지만, 마더 테레사는 접견을 허락할 때마다 예수 그리스도와의 특별하고 개인적인 관계를 주장했다 해도 과언이 아니다. 머거리지와 그의 스타가 나누는 다음의 대화에서 어느 쪽이 자기부정의 겸손을 보이고 있는가?

머거리지: 콜카타를 생각하고 그곳 대부분의 끔찍한 상태를 떠올리면, 한 사람이 그냥 나아가 이 일에 달려들기로 결정할 수 있었다는 게 놀라운데요.

마더 테레사: 당시 저는 확신했습니다. 지금도 여전히 확신하죠, 그분이 한 것이지 제가 한 게 아니라고요.

인터뷰어와 대상이 이처럼 서로 안성맞춤일 수가 없다. 머거리지는 콜카타 빈민들이 '끔찍함' 으로 둘러싸여 있음을 보며, 마더 테레사는 하늘의 위임을 받지 않고는 노력이 부질없으리라고 말한다. 인터뷰를 좀 더 진행하다가, 머거리지는 다음과 같이 묻는다.

머거리지: 인도에 아이들이 너무 많다는 사람들 말에 동의하지 않으신다는 거지요?

마더 테레사: 그 말에 제가 동의하지 않는 것은 하느님께서 언제나 예비하시기 때문입니다. 그분은 꽃과 새들, 그분이 창조한 세상의 모든 것을 돌보아주시지요. 그리고 그 작은 아이들은 그분의 생명입니다. 너무 많다는 건 결코 있을 수 없지요.

머거리지는 이 대답에 찬성하면서, 하늘에 별이 너무 많다는 얘기와 뭐가 다르겠냐는 말까지 양념으로 덧붙인다. 대화가 진행되는 방식이 반은 초현실적인 것이, 마치 어느 누구도 일찍이 가족계획이나 인구 정책에 대해 사리를 따지며 고민하지 않았다는 투다. 아이들이 '너무 많다'는 것은 핵심을 벗어난 말이다. 왜냐하면 그들은 이미 태어난 상태니까. 하지만 사람이 너무 많다는 건 '있을 수 없다'는 발언은 최소한 오만(傲慢) 죄에 해당한다(인도에서뿐만이 아니다). 인디라 간디 여사는 ―말이 난 김에 덧붙인다면, 마더 테레사의 정치적 후원자 중 하나였는데―언젠가 인도에서 범죄적인 강제 불임수술 캠페인을 벌인 적이 있다.[23] 인구 문제에 잘못 접근하는 방법에는 분명 여러 가지가 있으나, 그 문제 자체가 발생하지 않는다고 말하는 것은 어떻게 보더라도 정신 나간 짓이다. 그리고 하느님이 '언제나 예비하신다'는 말이 맞는다면, 무엇보다 사랑의 선교회 같은 게 필요 없을 터이다.

머거리지 이야기를 마치기 전에 그와 영적 스승 사이의 대화 한 대목을 더 기록할 필요가 있다.

머거리지: 사람들이 수단을 목적으로 오해하고, 동료 인간에게 봉사하는 것 자체를 목적으로 느낄 위험이 있다고 생각하시지 않나요? 그럴 위험이 있다고 보십니까?

마더 테레사: 우리가 단지 사회사업의 봉사자로 그치거나 봉사를 위한 봉사만을 할 위험이 존재합니다. …… 그게 위험이지요. 우리가 누구에게 그 일을 하고 있는지를 잊는다면

---

23) 인디라 간디(1917~1984)는 인도 초대 총리였던 자와할랄 네루의 딸로, 1966년부터 77년까지 총리를 연임하고 80년 다시 총리가 되었으나 84년 암살당했다.

요. 우리가 하는 일은 그리스도를 향한 사랑의 표현일 뿐이에요. 우리 가슴은 그분을 위한 사랑으로 가득 차 있어야 하죠. 그리고 그 사랑을 행동으로 표현해야 하는데, 그렇다면 가난한 사람 중에서도 가장 가난한 사람들이 하느님에 대한 우리 사랑을 표현하는 수단인 게 당연합니다.

영상물 「하느님을 위한 아름다운 것」에는 마더 테레사가 영양 실조 상태의 버려진 아이를 품에 안는 장면이 있다. 아이는 병색이 짙고 주글주글하며 그 나이 아기들이 지니게 마련인 매력이 거의 없다. 하지만 마더 테레사는 불굴의 열정과 격려의 태도로 여자 아기를 내려다보며 말한다. "보세요. 이 아이 안에 생명이 있어요." 그것은 부인할 수 없게 긍정적인 순간이다. 이 같은 순간들은 더 많아도 나쁠 게 없을 터이다.

그러나 자신의 평생 사업이 바티칸의 인구 정책을 선전하는 일에 지나지 않았음을 암시함으로써 내게는 그녀의 최상이었던 순간을 적잖이 망쳐 버린 것과 꼭 마찬가지로, 마더 테레사는 위에서 보듯이 인도주의와 이타주의가 애써 피해야 할 '위험들'이라고 우리에게 말함으로써 그녀 자신의 본보기를 값싸게 만들었다.

마더 테레사는 자신의 작업이 근본주의적인 종교 캠페인 외의 다른 어떤 것인 듯 꾸민 적이 전혀 없었다. 그리고 위 발췌문에서 우리는 '가난한 사람 중 가장 가난한 사람들'이 그것을 위한 수단이라고 그녀 스스로 말하는 것을 들었다. 경건해져야 할 계기가 아니겠는가.

# 선행과 영웅적 덕행

제자 번지(樊遲)가 지(知)에 대해 물었다. 공자가 말했다. "백성의
도리를 위해 힘쓰고 귀신을 존중하되 멀리하면 지(知)라고 할 수
있다(務民之義 敬鬼神而遠之 可謂知矣)."

—『논어』, 옹야편(雍也篇)


약간의 물신숭배 없이는 진정한 종교가 불가능하듯, 모종의 공포
없이는 강력한 감정이 존재하지 않는 것인데, 그 점을 일러줄 철
학자가 그의 곁에 없었다.

—조셉 콘래드, 『승리』


"별의 빛, 찬란한 별"
…… 우리는 하늘을 쳐다보며 별들이 내려다보리라 희망한다. 우
리가 따라갈 별, 하늘을 가로지르며 우리의 운명으로 인도할 별
이 있기를 기도한다. 하지만 그건 헛된 생각일 뿐이다. 우리는 은
하수를 바라보고 사랑에 빠진다. 그러나 우주는 우리가 그것에
마음 두는 만큼 우리에게 관심을 갖지 않는다. 별들은 아무리 우
리가 다르게 빌어도 자기의 진로를 고수한다. 하늘의 수레바퀴가
도는 것을 잠시 지켜보면 유성 하나가 떨어지고, 타오르고, 사라
지는 걸 볼 수 있긴 하다. 그건 따라갈 가치가 있는 별이 아니다.
그저 운이 없는 바위일 뿐. 우리의 운명은 이곳 지상에 있다. 인
도하는 별이란 건 없다.

—살만 루슈디, 『무어의 마지막 한숨』
* "별의 빛, 찬란한 별(Star light, star bright)"은
영미에서 널리 불리는 동요의 첫 구절이다.

# I

마더 테레사의 미심쩍은 동기들과 명백히 헷갈리는 사회학적 방침에 대한 비판에 귀를 기울일 준비가 되어 있다 해도 사람들은 여전히 그녀 작업의 본질은 인도적인 것이라고 믿는 경향이 있다. 뭐니 뭐니 해도 자선에 바친 생애에는 도덕적으로 인상 깊은 그 무엇이 있지 않겠는가 하고 그들은 추론한다. 그녀 일의 결함과 모순을 직접 본 사람들의 증언이 없다면 그것은 충분한 논증일 것이다. 마더 테레사가 세계의 고통받는 사람들을 위해 진짜 선행을 했을 것이 '분명하다' 는 근거에서 말이다.

그러나 여기서조차 기록은 다소 불투명하고 고르지 못하며, 마더 테레사가 해온 작업의 다른 부분들에 적용되는 것과 같은 한계에 의해 규정된다. 즉, 그런 작업이 일 자체를 위해서가 아니라 인간의 본성과 필요에 관한 매우 주관적인 하나의 견해를 선전하기 위해, 그리하여 그녀가 언젠가는 가톨릭 교회 안에서 새로운 수도회와 규율의 지복된 창설자로 여겨지도록 하기 위해 행해진다는 한계 말이다. 외견상 '자비로운' 노동의 일상적 세부사항에서조차 이 미해결의 모순이 거듭 모습을 드러낸다.

주목받지는 못했지만, 로빈 폭스 박사가 1994년 콜카타에 있는 마더 테레사 시설을 방문한 기록을 보자. 세계 유수의 의학 진문지라 할 「랜싯」의 편집장으로서 폭스 박사는 환자를 보살피는 수준에 직업적 관심이 있었고, 그에 관해 판단할 자격 또한 있었다. 「랜싯」 1994년 9월 17일자에 실은 보고서의 첫 문단은 그가 좋은 인상을 받을 기대에 부푼 상태로 방문했음도 분명히 하고 있다. 실제로, 정중하면서도 놀라움으로 눈썹을 약간 치켜 뜬 듯한 어조가 그의 글에 내내 머문다.


의사들이 이따금씩 오지만 대개는 수녀와 자원봉사자들(몇몇은 의학 지식이 있었다)이 능력껏 결정을 내린다. 고열에 좋지 않은 상태로 들어온 청년을 보았는데, 처방한 약은 항생제 테트라사이클린과 해열진통제 파라세타몰이었다. 후에 순회방문 의사가 말라리아 가능성을 진단하고 처방을 클로로퀸으로 바꾸었다. 혈액 도말검사를 누가 하지 않았느냐고 물으니, 검사는 좀체 허용되지 않는다는 답이었다. 수녀와 자원봉사자들이 고칠 수 있는 환자와 고칠 수 없는 환자를 구분하게 도와줄 간단한 절차 기준을 세울 수 있잖은가? 답은 다시 "노"였다. 그런 체계적 접근은 이 집의 정신에 맞지 않는다. 마더 테레사는 계획보다 섭리를 선호하시며, 그녀의 규칙은 물질주의를 향한 그 어떤 표류도 막게 고안된 것이다. 수녀들은 가난한 이들과 같은 처지에 머물러야 한다는 것이었다. …… 마지막으로, 고통을 다루는 수녀들의 능력은 어느 정도인가? 방문 기간이 짧았으므로 그들의 영적 접근의 힘을 내가 판단할 수는 없었지만, 처방전에 강한 진통제가 들어 있지 않다는 사실을 알고 나는 혼란스러웠다. 진단 소홀과 함께, 제대로 된 통증 관리가 없다는 점이 마더 테레사의 접근을 호스피스 운동과 뚜렷하게 구분 짓는다. 나는 내가 어느 쪽을 선호하는지 알고 있다.

폭스 박사가 묘사한 사태는 재해 발생 지역의 빈약한 아마추어 진료소에서조차 볼 수 없는 것이라는 점에 밑줄을 그어야겠다. 마더 테레사가 콜카타에서 활동한 기간은 40하고도 5년 동안이다. 그중 거의 30년간 그녀는 엄청난 돈과 물자의 혜택을 받았다.

그녀의 '죽어가는 이들을 위한 집'은 — 바로 여기가 그녀의 영지 중 폭스 박사가 방문한 곳이었던바 — 전혀 빠듯한 형편이 아니었다. 그곳이 그가 묘사한 지경에 처한 것은 마더 테레사가 바로 그런 지경을 원하기 때문이다. 일반적으로 적절한 의료 혹은 보살핌이라고 생각되는 것에 대한 이 소홀은 피상적인 모순이 아니다. 그것은 그들 노력의 핵심이다. 이곳 시체 안치소 벽에 있는, 필름에도 찍혔던 유쾌한 문구에서 명백히 드러나는 것과 똑같은 핵심. 그 문구는 '오늘 나는 하늘나라로 가요'다.

이전에 자원봉사를 했던 많은 사람들에 따르면, 폭스 박사는 평상시보다 상황이 나은 날 방문했거나 평상시보다 신경을 쓴 안내를 받았는지도 모른다. 메리 라우던은 콜카타에서 자원봉사를 한 후 수녀와 종교적 여성들의 삶에 대해 광범한 집필 활동을 해왔는데, 죽어가는 이들을 위한 집에 대해 그녀가 한 증언은 다음과 같다.

내가 맨 처음 받은 인상은 전에 본 벨젠 혹은 그 비슷한 나치 수용소의 사진이나 필름 같다는 것이었어요. 모든 환자가 삭발을 하고 있었거든요. 어디에도 의자는 없고, 그냥 들것 침대뿐이었지요. 제1차 세계대전 시절 것처럼 보이더군요.

정원은커녕 마당조차 없었어요. 정말 아무 것도 없었습니다. 나는 생각했어요. 이게 도대체 뭐지? 방이 두 개고, 한 방에 오류십 명의 사내가, 다른 방에는 오류십 명의 여자가 수용되어 있다. 그들은 죽어가고 있다. 변변한 치료도 받지 못하면서. 정말 아스피린 이상의 진통제도 받지 못했고, 어쩌다 운이 좋으면 항염증제인 브루펜 같은 걸 받았는데, 그나마 말기 암 따위 죽어가는 병에 따르는 종류의 고통을 느끼는 경우였어요 …….

점적(點滴) 장비들도 충분치 않았습니다. 주삿바늘을 쓰고 또 쓰고 너무도 여러 차례 사용했고, 종종 바늘을 수도꼭지 밑에서 찬물로 헹구는 수녀들이 눈에 띄고는 했을 정도였어요. 그중 한 사람에게 왜 그렇게 하느냐고 물었더니 답하기를 "깨끗이 해야죠." 하는 거예요. 그래서 내가 말했지요. "그래요. 한데 왜 소독을 안 하는 거죠? 물을 끓여서 바늘을 소독해야잖아요?" 그러니까 그 여자 말이 이래요. "그럴 필요가 있나요. 시간도 없고요."

그곳에 간 첫날 여자 병실에서 일을 마친 후 나는 남자 병실 가장자리로 가서 내 남자 친구를 기다렸는데, 그는 죽어가는 15세 소년을 돌보고 있었어요. 한 미국인 여의사가 내게 얘기하기를, 자기가 이 소년을 치료하려고 노력했다더군요. 그 아이 병은 사실 비교적 단순한 신장 문제였는데, 항생제를 안 주는 바람에 그냥 갈수록 나빠지고 또 나빠졌다는 거였어요. 그래서 이젠 정말 수술이 필요하다는 것이었습니다. 문제가 뭐였는지는 기억 안 나지만, 그렇게 말했어요. 그 여의사는 아주 화가 났지만, 그런 상황에 빠진 숱한 사람들이 그러듯이 포기한 상태이기도 했지요. 그녀가 말하기를, "어쨌거나 그들은 그 애를 병원으로 데려가지 않을 거예요." 하기에 내가 물었죠. "왜요? 택시만 부르면 되잖아요. 제일 가까운 병원으로 데려가서 치료해달라고 요구하세요. 수술을 해달라고." 그러니까 그녀가 답했어요. "그들은 그러지 않아요. 그럴 맘도 없고요. 한 사람에게 그렇게 해주면 누구에게나 그래야 하니까." 그래서 나는 생각했지요. 하지만 이 아이는 겨우 열다섯 살인데.

마더 테레사가 전 세계에서 벌어들이는 수입은 벵골 지역에 일급 진료소 여럿을 차리고도 남을 액수라는 점을 잊지 말자. 만약 의료업계의 어느 분야에서든 그렇게 운영했다면 항의와 소송 세례를 받았을 게 분명한 마구잡이식 날림 시설을 운영키로 결정한 것은, 심사숙고의 결과다. 목적은 고통을 성실하게 덜어주는 것이 아니라 죽음과 고통, 그리고 굴종에 기반한 일종의 신흥종파를 선전하는 것이다. 마더 테레사(그녀 자신은 심장 질환 및 노환과 싸울 때 서양에서 가장 우수하고 값비싼 병원들에서 치료받았다는 사실에 유의하자)는 언젠가 촬영한 인터뷰에서 속내를 드러낸 적이 한 번 있다. 그녀는 말기암의 참을 수 없는 고통을 겪고 있던 한 사람에 대해 이야기했다. 마더 테레사는 미소 띤 얼굴로 카메라를 보며 자신이 그 환자에게 한 말을 되풀이했다. "당신은 십자가에 달린 예수처럼 고통받고 있습니다. 그러니 예수께서 당신에게 입 맞추고 있는 게 분명합니다." 이 아이러니가 지불해야 할 대가를 짐작하지 못한 채 그녀는 환자의 대답을 전했다. "그렇다면 그 입맞춤을 제발 멈추라고 말해주세요." 너무도 절박하고 고통스러운 극한 상황에 처한 많은 사람들이 마더 테레사에게 바라온 바는, 그녀가 저러한 형이상학적 포옹을 좀 삼가고 실제 고통에 더 귀를 기울여달라는 것이다.

1994년 가을 영국 채널 4에서 방영된, 마더 테레사의 문제점을 다룬 다큐멘터리 「지옥의 천사」 제작을 도와준 후에 나는 옛 자원봉사자들, 심지어 사랑의 선교회 옛 회원들로부터도 여러 차례

연락을 받았다. 일부는 익명을 원했고, 일부는 복수 혹은 개인적 혼란 상태가 동기인 듯했다. 진짜라고 생각되는 진술들을 인용하는 데 있어 내가 세운 기준은 다음과 같다. 실명 인용을 수락할 것, 그리고 몇 가지 배경 질문들에 진실되게 답할 것. 엘지 길레스피를 예로 들어 보자. 저술가이자 언론인이며 서평지「샌프란시스코 리뷰 오브 북스」의 편집자를 지낸 여성이다. 에이즈 환자를 돌본 경험이 있는 그녀는 마더 테레사의 샌프란시스코 지부에서 얼마 동안 일했다.

(HIV 즉 에이즈 바이러스를 지닌 남성 노숙자들을 위한) '사랑의 은혜'라고 재치 있게 이름 붙인[24] 그녀의 호스텔에 요리사로 파견되었습니다. 아주 아픈 남자들이 열두어 명 있었고, 심하게 앓지는 않는 사람들도 유난히 침울한 상태였는데, TV 보는 것도, 담배 피우는 것도, 술을 마시는 것도, 친구 만나는 것도 금지됐기 때문이었지요. 그들이 죽어가고 있

---

24) 길레스피가 '사랑의 은혜(Gift of Love)'라는 이름을 재치 있다고 한 것은 이 말이 통상 '(천부적인) 사랑의 재능'이라는 훈훈한 의미를 지닌다는 점, 에이즈를 '사랑이 준 것, 즉 사랑의 선물, 혹은 결과물'이라 할 수 있다는 점 등을 두루 생각해서인 듯하다. 기독교 용어로 'gift'는 '은혜' '은사(恩賜)'를 말한다.

을 때에도 친한 친구들조차 만날 수 없었습니다. 술은 절대 허락되지 않았어요. 심지어 친구나 룸메이트의 장례식 때조차(혹은 특히 그런 때) 그랬습니다. 여자 옷을 입고 들어왔다가 쫓겨난 사람도 몇 있었고요. 내가 올림픽 얘기를 꺼냈더니 그들은 더욱 침울해 보였습니다. "우리는 올림픽 경기를 보지 않아요." 뭄바이 출신 수녀가 말하더군요. "사순절 금식과 참회 중이거든요." 그들이 아주 아프고 신앙심이 깊을 경우(그런 예가 많은데 ……)엔 이런 것은 문제가 안 됩니다. 하지만 성격이 밝거나 나이가 좀 든 남자들의 경우엔 견디기 힘들어 보이지요.

그곳에서 내가 사귄 과테말라 작가 한 사람은 몹시 빠져나가고 싶어했습니다. 그래서 나와 함께 거기서 음식을 만들던 내 여자 친구(흑인이며 실천적인 가톨릭 신도였는데)가 집에 데려가서 힘닿는 동안 내내 그를 가족처럼 돌보았어요. 그의 병이 훨씬 더 깊어져서 그녀가 이젠 더 보살필 수 없으니 제발 요양소로 돌아가라고 하자 그는 계속 있게 해달라고 애원했습니다. 왜냐하면 그들이 충분하거나 적절한 투약을 해주지 않는다는 것을 알았기에 모르핀도 없이 죽게 될까봐 겁이 난 것이죠. …… 요즘 나는 종종 프란체스코 수도회에서 노숙자들에게 음식을 해줍니다. 그곳 환자 중 브루스라는 이가 마더 테레사 시설 출신인데, 그 사람도 신부님도 '사랑의 은혜' 수녀들에 대해 좋게 말해줄 내용이 없더군요.

콜카타에서 샌프란시스코까지 곳곳의 호스텔과 진료소들을 거쳐 간 많은 자원봉사자들이 이 비슷한 이야기를 갖고 있다. 각별히 인상적인 것은 수전 실즈의 증언으로, 그녀는 9년 반 동안 마더 테레사의 선교회 회원으로 일하면서 브롱크스에서, 로마와 샌프란시스코에서 사랑의 선교회의 일상 수양 규율을 지켰다. 나는 그녀의 미발표 원고 「마더의 집에서」25)의 내용을 인용해도 좋다는 허락을 얻었다. 이 원고는 인간에 대한 사랑 때문에 사랑의 선교회에 가입했다가 같은 이유로 그곳에서 탈퇴하게 된 한 여인이 정직하게 잘 써내려간 글이다. 그녀의 회고가 신흥종파 옛 신도의 증언처럼 들린다면, 그것은 여러 면에서 실제로 그렇기 때문이다. 그 교단 내에서는 단 한 명의 여성이 내리는 명령에 대한 전적인 복종이 모든 차원에서 강제된다고 그녀는 말한다. 권위에

---

25) (저자 주) 교황이 아직 쓰지도 않은 책의 선금으로 500만 달러 가량을 받는 마당에, 이토록 독창적이고 용기 있는 작품이 출판사를 찾는 데 실패했다는 것은 추문이나 다름없다.

대한 의심은 선택 사항이 아니다.

　내가 투덜대는 양심을 달래며 살 수 있었던 것은 성령이 마더를 인도한다고 교육받았기 때문이었다. 그녀를 의심하는 것은 우리가 믿음이 없으며, 더 나쁘게는 교만의 죄를 범했다는 징후였다. 나는 나의 반대를 유보했고, 모순처럼 보이는 그 숱한 사항들을 언젠가 내가 이해하게 되리라 희망했다.
　……

　어느 해 여름 로마 수련소의 수녀들이 많은 양의 토마토를 받았다. 토마토를 나눠줄 수가 없는 것이, 이웃 사람들 모두 각자의 토마토를 키운 터였다. 수련원장은 수녀들이 토마토를 통조림으로 만들어 저장, 겨울에 먹도록 하라고 결정했다. 그런데 수련원을 방문한 마더는 통조림 토마토를 보고 무척 언짢아했다. 사랑의 선교회는 뭔가를 저장하지 않고 오로지 하느님의 섭리에 기대야 한다는 것이었다.
　……

　샌프란시스코에서 수녀들은 큰 방이 많고 복도가 길며, 계단이 두 군데고 지하실이 엄청 큰 3층짜리 수도원 건물을 사용하게 되었다. …… 수녀들은 필요없는 가구들을 부지런히

치웠다. 예배당에서 벤치들을 옮겼고 방과 복도의 카펫을 모두 걷어냈다. 두꺼운 매트리스들을 창밖으로 밀어내고 구내의 온갖 소파와 의자, 커튼을 치웠다. 이웃 사람들이 보도에 서서 놀란 눈으로 쳐다보았다.

아름다운 구조의 집이 수녀들이 거룩해지는 것을 돕기 위한 생활 방식에 맞추어졌다. 너른 거실들은 짐대가 꽉꽉 들어찬 공동 침실로 변형되었다. …… 무척이나 습기 찬 이 집에 겨울 내내 불을 때지 않았다. 내가 그곳에 살던 기간에 몇몇 수녀들이 폐결핵에 걸렸다.

……

브롱크스에서는 가난한 사람들을 위한 집을 새로 세우는 계획이 만들어지고 있었다. 노숙자 중 많은 이가 병들었으며 우리의 야간 숙소가 제공하는 것보다 더 영구적인 수용시설을 필요로 했다. 우리는 버려진 큰 건물을 시로부터 1달러에 사들였다. 동료 봉사자 한 명이 청부인으로 나서 건축가에게 건물 개조 설계를 하도록 했다. 행정 법규에 따르면 장애인을 위한 엘리베이터 설치가 의무였다. 그러나 마더는 엘리베이터를 허용하지 않았다. 시에서 엘리베이터 비용을 대겠다고 제안했지만 거절되었다. 온갖 협상과 계획을 해놓고도,

장애자용 엘리베이터 한 대를 받아들일 수 없다는 이유로 가난한 이들을 위한 프로젝트는 폐기되었다.

마지막 일화가 낯익은 독자들이 좀 있을 것이다. 왜냐하면 뉴욕 신문들(이들은 대개의 언론이 그렇듯 마더에게 광적인 충성을 바치고 있다)이 그 사건에 대해, '정치적 올바름'에 집착하여 장애인의 권리만 주장하면서 선교자들의 노력을 좌절시킨 관료주의적 행정의 사례라고 기사를 쓴 바 있기 때문이다. 진실은 정확히 그 반대다.

극단적인 소박함, 심지어 원시주의라 해도 과거의 종교 교단들을 덮쳤던 유의 사치하거나 부패한 양식보다는 낫지 않으냐는 주장이 있을 수 있다. 실즈 양 자신이 여러 해 동안 자신에게 그런 얘기를 했었다. 하지만 그녀는 깨달았다. 그들의 삶은 금욕주의적이라기보다는 엄격과 완고, 가혹과 혼란의 체제라는 것을.[26] 도그마의 요구가 가난한 자들의 필요와 충돌할 때 꺾이는 것은

---

26) 금욕주의는 덕을 추구하기 위한 영성적 노력 또는 실천인데, 이는 단식에서 찾아볼 수 있는 자제의 실천이나 엄격함 등과 혼동되어서는 안된다고 가톨릭 문헌들은 말한다. 금욕주의는 자아 완성의 이상에 대한 보다 긍정적인 접근 방법이라는 얘기다. 히친스는 금욕주의의 이러한 의미를 마더 테레사의 실천과 대비하는 것으로 보인다.

예상할 수 있는 대로 후자다.

'가난'에 대한 수녀들의 독선적인 집착 때문에 고통받는 것은 다름 아닌 가난한 자들이라는 사실에 그녀는 심란했다. '온갖 계층의' 사람들이 지극 정성으로 기증한 돈이 엄청나다는 것을 그녀는 알고 있었다. 은행 계좌에서 비생산적으로 빈둥거리고, 그 규모가 어느 정도인지는 수녀들조차 내부분 아는 바가 전혀 없는 돈 말이다. 수녀들은 자기들이 도우려 애쓰는 그 가난한 이들을 위해 돈을 쓰는 일이 좀체 허용되지 않았다. 대신 그들은 가난을 호소할 것을, 그리하여 손이 크고 어수룩한 사람과 기업들이 더 많은 재화와 봉사와 현금을 내도록 조종할 것을 강요받았다. 실즈 양의 마음을 불편하게 만든 것은 기만과 가식, 위선이었다. 이는 바리새인들의, 그리고 과시하기를 지나치게 좋아하는 공중(公衆) 예배자들의 오래된 문제다.

홍수처럼 밀어닥치는 기부금은 하느님이 마더 테레사의 모임을 어여삐 여기신다는 증표로 여겨졌다. 우리는 우리가 다른 종교 모임들보다 많은 기부를 받은 것은 하느님이 마더에 대해 기뻐하시기 때문이며, 사랑의 선교회 수녀들이 종교 생활의 진정한 정신에 충실하기 때문이라는 말을 들었다. 우리의 은행 계좌는 이미 엄청난 규모에 달했고, 우편배달이 올 때마다 늘어났다. 브롱크스의 한 당좌 계좌에만 약 5000만 달러가 모였다. …… 우리 중 사무실 일을 보는 사람들은 자기가 하는 일에 관해 입을 다물어야 함을 잘 알고 있었다. 기부금이 몰려오고 은행에 예치되었지만, 그것들은 우리의 금욕적인 생활이나 우리가 도우려 애쓰는 가난한 사람들의 삶에 아무런 영향도 끼치지 못했다.

회계 감사가 없으니, 마더 테레사의 엄청난 돈더미가 어떻게 되는지 정확히 알 수는 없다. 그러나 선교회의 진정한 목적과 성격이 무엇인지, 그리고 당초 어떤 목표를 위해 기부금들이 접수되는지는 알 수 있다. 다시 수전 실즈다.

마더한테는 가난한 자들의 영적인 복지가 가장 중요했다. 물질적 도움은 그들의 영혼에 도달하는 수단, 가난한 자들에게 하느님이 그들을 사랑한다는 것을 보여주는 수단이었다. 죽어가는 이들을 위한 집들에서 마더는 수녀들에게 죽어가는 사람을 은밀히 세례하는 방법을 가르쳤다. 수녀들은 사망 위기에 놓인 이에게 '하늘나라로 가는 표'를 원하는지 물어야 했다. 그렇다는 답변은 세례에 동의한다는 의미로 간주했다. 그러면 수녀는 그 사람의 이마를 젖은 수건으로 식혀주는 척 하는데, 그게 사실은 세례를 하는 거였다. 세례 시에 필요한 말을 나지막이 중얼거리면서. 마더 테레사의 수녀들이 힌두 교도와 이슬람교도를 세례한다는 사실을 숨기기 위해선 비밀 유지가 중요했다.

그렇게 작은 위선이 훨씬 큰 위선을 감춘다. "우리의 회칙은 필요 이상으로 기부를 청하는 일을 금했지만, 은행에 있는 돈은 마치 존재하지 않는 것처럼 대해졌다." 그리하여, 가장된 겸손과 자기 낮춤이 오만은 물론 탐욕과 야망 모두를 가린다.

내가 역시 인용 허락을 받은 한 통의 편지는 에밀리 루이스가 나에게 쓴 것인데, 그녀는 지상에서 가장 절망적인 지역들 여러 곳에서 활동한 75세의 간호사다. 내게 편지를 썼을 때 그녀는 르완다(마더 테레사가 언급하지 않는 나라인데, 아마도 이 나라 로마 가톨릭 지도부가 1994년 여름에 시도된 투치족 말살 기도에 연루되었기 때문일 듯하다)에서 아주 고된 노동을 마치고 막 돌아온 참이었다. 루이스의 증언은 다음과 같다.

내가 직접 마더 테레사를 겪은 것은 1989년 워싱턴 D.C.에서 열린 국제보건기구(IHO)[27]의 오찬 모임에서 그녀가 상을 받을 때였다. 수락 연설 중 그녀는 피임에 대한 자신의 반대와 이성 간 성행위의 원치 않은 산물들을 구하려는 활동에 대해 길게 말했다. (그녀는 에이즈에 대해서도 언급했는데, 하느님의 채찍질이라고까지 부를 생각은 없지만 부도덕한 성행위에 대한 정당한 응보인 듯하다는 것이었다.) 하느님께선 온갖 죄인을 용서할 마음을 갖고 계시다고 말하기는 했지만, 그녀 자신은 낙태 경험이 있는 여성 혹은 부부가 '그녀의' 아기들을 입양하는 것을 결코 허락지 않으리라고 했다. 연설에서 마더 테레사는 하느님이 우리에게 무슨 생각과 행동을 원하시는지를 자주 언급했다. 나와 같은 테이블에 앉은 사람(국제개발원조 기관에서 온 의사)이 내게 말했다: "자신이 하느님의 마음과 직접 연결되었다고 생각하려면 어느 정도는 오만해야 하는 걸까요?"

마더 테레사를 몇몇 악명 높은 텔레비전 전도사들에 비긴다면 너무 지나친 것일까? 하지만 그들도 청중을 하느님의

27) 인도, 네팔, 방글라데시 세 나라에서 활동하는 비정부기구.

가슴 및 마음과 직결시키면서 기부를 격려하고 접수하지 않는가.

부유한 세계의 사람들은 누군가가, 어딘가에서, 무언가 제3세계를 위해 일하고 있다고 믿기를 좋아하고, 믿기를 원한다. 이런 이유에서, 아무리 대리적일망정 그 임무를 수행하는 사람이 있기만 하면 그의 동기와 실천을 너무 깊게 파고들려 하지 않는다. 위대한 백인의 희망이 거대한 블랙홀을 만나며, 이교도를 향한 사명이 플로렌스 나이팅게일이라는 위안이 되는 신화와 뒤섞인다. 늘 그렇듯이, 선교가 배달되는 진짜 주소는 후원자와 기부자의 자기만족이지 짓밟힌 자들의 필요가 아니다. 의지할 데 없는 아기들, 버려진 낙오자들, 나환자와 말기 환자들은 동정의 과시를 위한 원자재들이다. 그들은 불평할 입장이 전혀 아니다. 그리고 그들의 수동성과 비천함은 훌륭한 면모로 여겨진다. 이 거짓된 위안의 세계적이고 지도적인 대변자, 마더 테레사 자신이 우중선동가이며 우민정책가이고 세속 권력의 하수인이라는 점을 인식해야 할 때다.

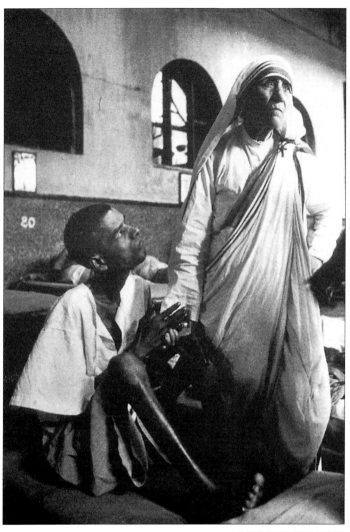

마더 테레사, 콜카타의 선교회에서.

아이티에서 미셸 뒤발리에와 함께. 장-클로드 뒤발리에의 선전지
「공격」 1981년 1월호에 실린 사진이다.

'존-로저 성실상'을 받은 사람들은 자신이 선택하는 자선단체가 1만 달러의 기부금을 받도록 하기 위해, 존-로저와 함께 PR 사진을 찍어야 했다. 두 사람의 사진은 스튜디오에서 찍은 것이고, 콜카타의 가난한 이들은 나중에 덧붙였다.

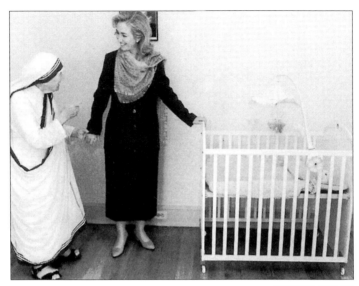

1995년 6월, 새로 문을 연 북서 워싱턴 입양의 집에서 힐러리 클린턴과 함께.

"내가 볼 때, 콜카타의 마더 테레사는 기독교적 사랑의 행동하는 화신이다. 그녀 얼굴은 그리스도의 사랑으로 빛난다. …… 그리고 그녀의 말에 담긴 메시지를 세상이 이토록 필요로 했던 적은 없었다." 맬컴 머거리지가 1969년 봄 '기적'을 발견한 여행 중 마더 테레사의 소개로 콜카타 빈민을 만나고 있다.

교황 요한 바오로 2세와 함께.

콜카타의 '죽어가는 빈자들을 위한 집', 니르말 흐리데이.
니르말 흐리데이는 '순결한 마음' 이라는 뜻이다.

노벨평화상 수상을 축하하기 위해 콜카타 시 주최로 열린 리셉션에서.

미국 내 낙태 금지 운동 지지를 위한 의회 증언을 마친 후 백악관에서
로널드와 낸시 레이건 부부의 영접을 받고 있다.

찰스 키팅과 함께. 금융인인 그는 80년대 말 미국을 뒤흔든 저축대부조합 도산 사태 때 사기죄로 유죄 판결을 받았다. 그에게서 100만 달러 이상을 받은 데 대한 보답으로 그녀는 판사에게 키팅을 관용해달라는 개인적 탄 원서를 보냈다.

1988년 4월, 다우닝 가 10번지 영국 수상 관저에서 마거릿 대처의 영접을 받고 있다. 런던의 노숙자 문제를 논의하기 위해 온 마더 테레사는 차제에 영국 내의 낙태를 제한하는 법안에 자신의 지지를 보냈다.

로버트 맥스웰과 함께. 이젠 고인이 된 이 신문사 소유주가 모금 홍보용
으로 찍은 것 중 하나다.

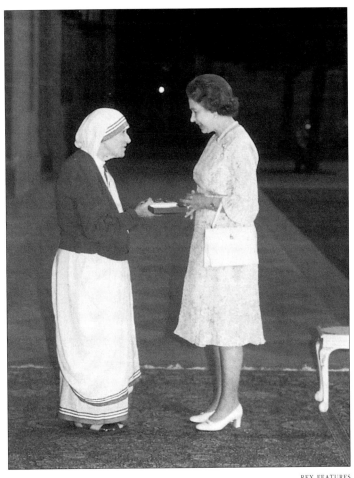

1983년 11월 인도에서 영국 여왕 엘리자베스 2세로부터 훈장을
받고 있다.

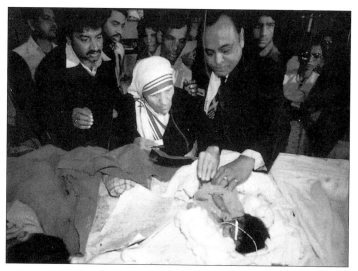

인도 보팔 시의 유니언 카바이드 케미컬 사에서 유독 가스가 누출돼 2500
명이 죽은 참사가 벌어졌을 때 현장에 간 마더 테레사. 도움말을 부탁받
고 그녀는 "용서하세요"라고 했다. "용서하세요, 용서하세요."

1975년 성년(聖年)을 기념하여 제작한 국제연합 식량농업기구(FAO)의
동메달(가톨릭의 성년은 25년 주기로 돌아온다).

마더 테레사의 사랑의 선교회는 전 세계에서 수녀 4천 명과 평신도
4만 명을 거느린다.

Ⅱ

가톨릭 교회가 의심자와 비신도는 물론 신도들까지 끊임없이 끌어당기는 그 원천은 섹스와 생식에 대한 태도이다. 공식 교의 (敎義)는 ─ 주로 성 바울로가 연원이지만 여러 세기에 걸쳐 다듬 어졌는데 ─ 사제가 결혼하는 것을 금하고 여자가 사제 되는 것을 막는다. 동성애는 비난받으며, 어떤 면에서는 동성애를 하는 사 람들도 마찬가지다. 혼전 섹스건 혼외 섹스건, 합법적인 결혼의 굴레 바깥에서 벌어지는 섹스 또한 비난받는다. 부부간의 섹스도 그 목적이 생식이 아닌 한 눈살을 찌푸릴 사항이다. 홀로 섹스, 즉 자위는 금기다. 이런 규모의 금지 사항들을 가르치는 것, 그 리고 독신의 남녀 성직자들이 그 금기들을 강제하는 것이, 성 아 우구스티누스의 『고백록』에서 메리 매카시의 『가톨릭 소녀 시절 의 기억』에 이르는 셀 수 없이 많은 명상록, 자서전 및 논쟁서들을 기른 비옥한 토양이었다.

생명에 대한 존중, 특히 자궁 내 취약한 상태의 생명에 대한 존중은 가톨릭의 가르침에서 필수 조건이며, 그 극단적인 형태에서조차 대단한 도덕적 힘을 갖는다. 이를테면 여자가 출산 중 위험을 겪을 경우 아이의 생명을 위해 자신의 생명을 버리는 게 마땅하지 않겠는가 하는 식이다. (유대교도 이 못지않게 윤리적인 기조를 띠고 있지만, 정반대의 결정을 권하는 편이다. 그게 가족에게 더 좋은 일이라면서.)

방글라데시와 그 후 보스니아에서 벌어진 침략 전쟁 중 집단 강간이 벌어지자 방글라데시의 경우엔 마더 테레사가, 보스니아 때는 교황이 희생자들에게 침략자이자 강간자의 씨를 낙태하지 말라고 줄기차게 호소했다. 낳아서 입양을 시키든지, 아니면 임신되던 때와는 다른 마음으로 키우든지 하라는 명이었다. 절망적인 딜레마에 빠진 여인들한테 이런 설교를 하는 것이 좀 그로테스크해 보이기는 하겠으나, 그럼에도 불구하고 교회가 잠재 생명을 우선시하는 장면에는 인상적이며 숭고한 점이 있다. 그것은 인간들이 태아를 버릴 때 신성모독을 범하는 것이라고 말한다. 왜냐하면 아무도 다른 생명을 마음대로 처분할 권리가 없으며, 미래를 안다고 감히 생각할 수 없기 때문이다. 더럽고 식구가 들끓는 집에서 소름 끼치는 기형으로 태어난 아이들이 온갖 물질적 역경을 물리치고 모범적으로, 혹은 그냥 인간적으로 된 사례는 얼마든지 있다.

하지만 이 핵심적인 가르침의 숭고함은 그것이 '영혼 불어넣기'—토머스 아퀴나스가 주장한, 생명이 인간적이며 불멸의 것이 되는 시점—에 대한 불필요한 신학적 가정에 기대고 있다는 사실 때문에 어느 정도 빛이 바랜다. 여기서 두 가지 논박이 행해질 수 있는데, 첫째는 인간 생명은 창조주가 불멸의 영혼을 부여했든 안 했든 상관없이 존중될 수 있고 존중되어야 한다는 것이다. 그런데 앞의 입장(핵심적인 가르침)을 뒤의 입장(신학적 가정)에 기대게 하면 생명에 대한 존중 또한 얼마간 조건부가 되게 마련이다. 둘째, 수정란이 온전한 인간이라면, 어떤 단계에서 무슨 이유로 행하든 모든 임신 중절 조치는 살인으로 보아야 한다. 한데, 이런 입장은 배(胚) 단계의 세포집단과 중추신경계를 갖춘 인간 사이의 구분을 흐려버림으로써, 임산부와 그녀 자궁의 주거자를 편드는 자연적 혹은 본능적인 느낌을 거스른다. 첫 3개월 중의 낙태와 마지막 3개월 중 낙태 사이의 구분은 궤변을 피하는 우리의 능력과 자신의 운명에 대해 발언권을 지니려는 우리의 타고난 소망 양자를 모두 보여주는 것인바, 이게 가톨릭의 가르침에서는 완전히 무시돼버린다. 논의의 반대편에서 발생하는 주장이 다소간 조잡해지는 것―태아는 단지 여성 신체의 부속물일 뿐이라는 투박하고 비과학적인 주장―은 의심할 여지없이 이 절대명령과의 대립에서 비롯된다.

다음으로, 가톨릭의 낙태 금지는 산아제한 및 피임의 금지와 뗄 수 없이 연결되어 있다는 사실이 있다. 여기에도, 어떤 형태의 피임법은―이를테면 수정란들을 쫓아내는 몇몇 자궁 내 장치 따위는―근본주의적 정의로 볼 때 사실상 낙태용이라는 기술적이고 교조적인 소견 이상의 것이 개재되어 있다. 임신을 피하는 온갖 수단과 방법, 나아가 그러려는 의도 자체까지 금지 대상이 되기 때문이다. 인간이 자기들의 생물학적 생산력을 통제하려는 것은 아이를 갖겠다는 일차적 소망 못지않게 '자연스러운' 일이다. 로마 가톨릭 교회만 유독 자연과 진화의 변덕을 피하려는 욕망을 비난한다. 그리고 로마 가톨릭 교회는 수천만의 가난하고 번식력 있는 사람들에게 강력한 정치권력을 행사한다.

교회의 가르침은 인구의 기하급수적 급증과 질병·기아·더러움·무지 및 환경 재앙의 확산·지속 사이의 어떤 연관도 일체 부인하는 듯하다. 우리는 그 으스스한 맬서스 목사의 추종자가 되지 않고도 그런 연관이 정말 있다는 것을, 게다가 그 인과가 반대 방향으로 작용하기도 한다는 것을 추론할 수 있다. 연구 대상이 되었던 개발도상국 모두에서, 가족 규모 제한과 가족 구성원의 삶의 기회 사이에서 분명한 상관관계를 볼 수 있다. 가족 규모의 제한은, 그것이 교육과 본보기를 통해 자유의사로 행해지지 못할 경우, 전제 정권에 의해 극단적인 방식으로 강제되었다. 우리가 목격한 바 중화인민공화국의 무서운 사례는 각 가정마다 아이를 한 명으로 제한함으로써, '형제'와 '자매'라는 단어가 말 그대로의 의미를 잃게 될 미래를 공산주의라는 이름으로 준비하고 있다. 우리는 또한 마더 테레사의 친구이자 예찬자인 인디라 간디의 사례도 알고 있는데, 그녀는 위협과 미끼를 아울러 사용하면서 남성들에게 단종수술을 시키려는 우중선동적이고 무자비한 시도에 착수했었다. (살만 루슈디의 『동쪽, 서쪽』에 실린 단편소설 「공짜 라디오」는 이 같은 노력의 비애와 공허함을 탁월하게 보여준다.[28]) 이것들은 물론 친절한 해결책이 아니지만, 교회가 전적으로 무시하기를 택한 인구 문제가 얼마나 심각한 것인지를 증

---

28) 단편 「공짜 라디오」의 주인공인 젊은 인력거꾼은 정관수술을 하면 공짜로 라디오를 준다는 소문을 듣고 수술에 응하지만, 알고 보니 라디오를 주는 기간은 이미 지났다. 그럼에도 그는 라디오를 받은 듯이 행동한다.

거하고 있다.

　지난 몇 십 년 동안, 특히 1962년부터 65년까지 열린 제2차 바티칸 공의회 이래 로마 가톨릭 교회는 거의 모든 종류의 문화적, 교리적, 정치적 반대 의견들에 직면해왔다. 라틴 아메리카에서는 복음주의 신교의 전례 없는 도전, 그리고 소위 '해방신학'의 인민주의적 도전에 직면했는바, 성직자들을 갱신해야 할 필요성에 따라 독신 의무가 의문시되고 있다. 미국과 서유럽에서는 회중이 산아제한에 관한 교회법의 가르침과 무관하게 행동하는 것으로 보인다. 동성애자 단체들은 진정한 가톨릭 신도로 인정받을 권리를 청원했는데, 그 근거에는 동성애자라는 조건을 하느님이 창조하신 게 아니라면 도대체 누가 그랬겠느냐는 흥미로운 질문이 놓여 있다. 보수 쪽의 저명한 가톨릭 저술가들, 이를테면 윌리엄 버클리와 클레어 부스 루스 같은 이들까지도, 피임을 고집스레 반대하고 그것을 낙태와 거의 대등한 죄로 치는 일은 무엇보다 낙태에 대한 도덕적 입장 자체를 천박하게 만들 것이라는 견해를 숨기지 않는다.

　이 모든 논의에서 가장 일관되게 반동적이었던 인물이 마더 테레사였다. 바티칸 내의 근본주의 파는 그녀가 두 가지 면에서 유용하다는 것을 알게 되었다. 첫째, 가톨릭이 아닌 사람들에게 교회의 선행을 광고하는 인물로서, 둘째는 기존 신자들 사이에서 도덕을 권고하는 강력한 수단으로서 말이다. 그녀는 기회만 있으면 기본적인 교조들을 거듭 언급해왔다(언젠가 인터뷰에서 갈릴레오냐 종교재판의 권위냐를 택일해야 한다면 교회의 권위를 택하리라고 말한 것과 흡사하게). 그녀는 낙태를 향해, 피임을 향해, 세계 인구 증가에 어떤 제한이 필요하다는 일체의 생각을 향해 욕설을 퍼부어왔다.[29]

1979년 마더 테레사가 노벨 평화상을 받았을 때, 그녀가 평화의 대의를 위해 한 일이 대체 무엇인지, 심지어 했다고 '주장한' 것이 무엇인지를 물을 만큼 예의 없는 사람은 몇 되지 않았다. 그녀의 수상식 연설은 이런 유의 의문을 풀어주는 데 도움이 안 됐으며, 오히려 그 증폭에 기여한 바가 더 컸다. 연설은 그리스도 잉태에 관한 무미건조한 설명으로 시작했는데, 아마도 '성모의 원죄 없으신 잉태 대축일'이었던 그날을 기리기 위해서였을 것이

---

29) (저자 주) 1994년 카이로에서 열린 국제연합 세계인구회의를 준비하는 과정에서 바티칸은 시아파 이슬람과 일시적 연대를 맺는 데까지 나아갔는데, 주로 이란의 율법학자들이 대표하는 이 세력은 인구 조절을 제국주의적 음모라고 비난했다. 교조의 사과는, 적어도 이 경우에서만큼은, 전도나 십자군의 나무와 어느 정도 거리를 두고 떨어진 셈이다.

다. 그러고 나서 통렬한 비난으로 넘어갔다.

서양에서 그토록 많은 젊은이들이 약물에 손댄다는 것을 알고 저는 놀랐습니다. 저는 그 이유를 이해하려고 노력했습니다. 왜일까? 답은 '가족 중 그들에게 마음을 써주는 사람이 아무도 없기 때문' 입니다. 아버지와 어머니들은 너무 바빠 시간이 없지요. 젊은 부모들은 일을 나가고, 아이들은 거리에서 살면서 제멋대로 갑니다. 우리는 평화를 말하는데, 이런 일들이 평화를 해치는 것입니다. 오늘날 평화를 위협하는 것 중에는 낙태도 들어 있다고 저는 생각합니다. 낙태야말로 진짜 전쟁이지요. 어머니가 자기 자식을 직접 죽이니까 말입니다. 성경에는 하느님이 뚜렷하게 이런 말씀을 하셨다고 적혀 있습니다: "어머니가 혹시 자기 아기를 잊을지라도 나는 잊지 않을 것이라." [30]

오늘날 낙태는 가장 나쁜 악이며, 평화의 가장 큰 적입니다. 오늘 여기 있는 우리는 부모가 원했던 사람들입니다. 부

---

[30] 구약성서의 「이사야」 49장 15절에 나오는 말이다. "여인이 어찌 그 젖 먹는 자식을 잊겠으며 자기 태에서 난 아들을 긍휼히 여기지 않겠느냐. 그들은 혹시 잊을지라도 나는 너를 잊지 아니할 것이라."

모가 우리를 원치 않았다면 우리는 이곳에 있지 않을 겁니다.

우리는 아이들을 원합니다. 그리고 그들을 사랑하지요. 하지만 다른 수백만의 사람은 어떻습니까? 많은 이들이 걱정합니다. 아프리카에서 그렇듯이, 굶주림으로 혹은 다른 이유로 엄청난 숫자의 아이들이 죽어가는 것을요. 하지만 아이들 수백만 명이 고의에 의해, 그들 어머니의 뜻에 따라 죽어가기도 합니다. 어머니가 자기 자식을 죽일 수 있다면 우리가 스스로를, 혹은 서로를 죽이는 것을 무엇이 막아주겠습니까? 아무 것도 못 막습니다.

여기서 겹겹이 쌓인 오류와 왜곡들을 일일이 드러낼 필요는 별로 없다. 낙태를 한 경험이 있는 여성으로서, 설사 여전히 가책이나 후회에 휩싸여 있는 경우라도, 자신이 실제로 아기 살해죄를 저질렀다고 생각하는 이는 거의 없다. 이런 식으로 '수백만' 아이들이 살해되고 있는 거라면, 그래서 영양실조와 역병으로 죽어가는 아이들 수백만 명과 비교된다면, 마더 테레사의 입양 해결책은 희망이 없을 게 명백하다(예를 들어, 방글라데시 참사로부터 그녀가 구해냈다고 하는 고아 숫자는 전부 해봐야 삼사십 명 정도다). 그에 더해 이 인상적인 숫자들은 최소한, 모든 임신은 정의상 '원했던' 것이고 과잉 인구란 있을 수 없다고 천명하는 자들에게 재고를 촉구하는 데는 충분할 것이다. 1992년 아일랜드의 노크에서 거행된 방대한 야외 미사에서 마더 테레사는 그녀가 맞서 '싸우는' 그 빈곤 및 비참의 상황과, 극빈층은 가족 규모의 제한이 합리적 선택이 되는 수준에 도달할 수 없다는 것 사이의 연관을 전혀 생각지 않고 있음을 다시 한 번 분명히 했다. 믿음 깊은 군중을 향해 그녀는 이렇게 말했다. "아일랜드를 그토록 사랑하시는 성모님께 우리 약속합시다. 이 나라에서 우리는 단 한 번의 낙태도 허용하지 않겠다고 말입니다. 그리고 일체의 피임도."

이 사례에서 그녀는 이 주제에 대한 교회의 가르침이 저지르곤 하는 마지막 큰 오류와 과실에 빠져들었다. 아일랜드는 현재 대체로 세속화한 사회다. 또한 신교도가 다수인 커다란 지역과[31] 화해할 길을 찾아야 하는 사회이기도 하다. 교회는, 그 힘이 충분히 강한 주에서는, 신자와 비신자 모두에게 적용되는 법을 제정할 권리를 요구하고 있다. 그러므로 마더 테레사의 '평화적' 인도주의와 자비는 곧 신도들에게는 방해받지 말고 번식하라는

---

31) 아일랜드의 얼스터 주에 속했던 영국령 북아일랜드를 이르는 것이다.

명령이 되고, 나머지에게는 자신들이 만들지 않은 법 아래 살라는 훈계가 되며, 나아가 종파 없는 국가 개념에 대한 공격이 되는 것이다. 이것이 평화의 대의에 어떤 영향을 미칠지, 아일랜드에서 그걸 헤아리는 데는 오래 걸리지 않는다. 이것이 고통받는 인류에게 하는 일이란 자기해방을 위해 고안된 몇 안 되는 수단 중 하나를 범죄화하거나, 적어도 할당과 제한을 하는 것이다.

교회 내에서나 바깥에서 이런 말을 종종 한다. 성생활을 기피한 자들이 행하는 성생활 강론은 뭔가 기괴한 데가 있다고. 교회가 여성의 설교를 금하므로 이런 언급의 대상은 대개 남자다. 하지만 광신적인 마더 테레사에게는 교회가 많은 설교 기회를 주는 바, 가서 번식하라, 그리고 내일에 대해서는 아무 생각도 하지 말라는 외침은, 이 제비뽑기에서 질 수밖에 없는 사람들을 보살펴온 것이 존경받는 주된 근거인 노처녀의 입에서 나올 경우에 그로테스크하게 들린다는 말을 나는 덧붙이고 싶다.

Ⅲ

「하느님을 위한 아름다운 것」 중 자신에게 명성을 가져다 준 맬컴 머거리지와의 인터뷰에서 마더 테레사는 다음의 거창한 주장을 하고 있다.

우리는 모든 일에서 하느님의 뜻을 행해야 합니다. 우리는 또한 다른 선교회에선 하지 않는 특별한 맹세를 합니다. 가난한 이들에게 마음을 다해 무료 봉사를 하겠다고요. 이 맹세는 우리가 부자들을 위해서는 일할 수 없다는 뜻입니다. 우리가 하는 일의 대가로 돈을 받을 수도 없습니다. 우리의 봉사는 무료여야 하고, 가난한 이들을 향해야 합니다.

마더 테레사의 사명이라고 각자 상상하는 것을 지원하거나 찬

성하는 숱한 사람들에게—막연히 종교적인 사람뿐 아니라 윤리적 인본주의자에게도—위 발언은 매우 중요하다. 그것은 과거에 기독교를 그토록 일그러뜨렸던 세속성과 재정적 술수로부터 사랑의 선교회를 면제해주는 듯하다. 그것은 또 부자들에게는 어떤 봉사도 하지 않는다고 주장한다. 경계심이 무딘 사람은 이 주장에서, 부자한테는 아무런 기부도 청하지 않겠구나 하는 결론을 이끌어낼지도 모른다.

사실은 다르다. 사랑의 선교회는 수십 년 동안 정부와 거대 재단, 대기업 및 시민 개인에게서 막대한 보조금을 받아왔다. 어떤 사람들에게는 그토록 매력적으로 보인 '가난의 가장(假裝)' 때문에 이 상대적 풍요는 눈에 잘 띄지 않았다. 또 다른 가장—이는 오랫동안 선교 모금인들에게 아주 잘 알려진 것인바—도 마찬가지로 풍요를 숨기는 역할을 했다. 무수한 야외 전도 집회에서 반복됨으로써 엄숙해진 이 이야기에서, 필요한 기부는 그것이 가장 절실한 바로 그때 도착한다. 매서운 겨울이 닥쳐오니 담요 탁송이 긴박하게 필요한가? 아니나 다를까, 익명의 은인이 바로 그 밤을 택하여 트럭 한 짐 분량의 담요를 선교회 현관 계단에 떨어뜨려 놓고 간다. 러시 제르지 박사가 이런 유의 각별히 감동적인 사례들을 자신의 책에서 제시하고 있는데, 그런 이야기가 책에 나온 게 마치 처음인 듯이 쓰여졌음에도 불구하고 감동은 여전하다.

어느 날 아그라 시 출신의 프랜시스 수녀가 마더 테레사에게 전화를 걸어 긴박하게 도움을 청했다.

"마더, 5만 루피가 필요합니다. 지금 당장 이곳에 아이들을 위한 집을 지어야 해요."

마더 테레사가 대답했다. "내 딸아, 액수가 너무 많구나, 나중에 내가 전화하마. 당장은 돈이 없으니 ……." 잠시 후 전화가 다시 울렸다. 한 통신사였다. "테레사 수녀님? 저는 통신사 편집장인데요, 필리핀 정부가 방금 수녀님께 막사이사이 상을 수여했습니다. 정말 축하드립니다! 상금도 꽤 됩니다."

마더 테레사: "알려주셔서 고맙습니다."

편집자: "상금 5만 루피로 뭘 하실 계획인가요?"

마더 테레사: "뭐라고 하셨나요? 5만 루피라고요? 주님께서 아그라에 어린이를 위한 집을 짓고 싶어하시는군요."

텔레비전에서 시작된 명성이 퍼져나가면서 마더 테레사는 점점

더 많은 상과 기부를 받게 되었다. 인도 정부는 그녀에게 기적의 연꽃상을 수여했다. 1971년 바티칸은 그녀에게 요한 23세 평화상을 주었다(제르지 박사가 서둘러 전하는 바에 따르면 이 행사 때 "수상자 자신은 시내버스를 타고 바티칸에 왔으며, 값이 1달러쯤 하는 인도 사리 차림이었다." 사실이라면 그녀는 너무 티를 낸 것이다.) 같은 해 보스턴에서 그녀는 '착한 사마리아인' 상을 받았다. 이번에도 자신을 낮추는 많은 발언과 함께 말이다. 그런 다음 워싱턴으로 직행해 10월 16일 존 F. 케네디 상을 받았다.

이듬해, 마치 경매 같은 시상의 신바람 속에서 인도 정부가 상대적으로 격이 낮았던 기적의 연꽃상에서 한 걸음 나아가 더 큰 상인 국제평화와 이해 촉진을 위한 네루 상을 그녀에게 주었고, 시상식 중 인디라 간디 수상이 공개적으로 울음을 터뜨렸다. 1973년에는 영국 엘리자베스 여왕의 남편인 필립 공이 감동을 드러낼 차례였고, '세계에서 신앙을 증진시키기 위한' 템플턴 상을 수여하면서 기회를 잡았다. 로마의 온갖 활동에 맞서는 '신앙의 수호자' 칭호를 지녔으며 로마 가톨릭 신자와의 결혼이 금지된 왕가를 이끄는 자신의 아내가 지켜보는 가운데 그는 3만 4000 파운드를 건넸다.

국제연합 식량농업기구(FAO)는 2년 후 한 술 더 떠 특별 메달을 제작했다. 앞면에는 풍작과 모성애의 여신 케레스가 밀 줄기를 마더 테레사에게 흔드는 모습을 넣고, 뒷면엔 '모든 이에게 식량을. 1975년 성년(聖年)'이라고 새긴 것이다. 메달 판매 수익금은 사랑의 선교회로 갔다. 거기서 한 발짝 더 오른 게 알버트 슈바이처 상이었고, 그 다음에 인도 정부로부터 또 다른 인정을 받았다. 이번에는 인디라 간디가 직접 수여하는 명예 학위였다(그녀는 훗날 강제 불임시술을 옹호하게 된다). 1979년 3월, 발찬상이 상금 25만 리라와 함께 이탈리아 대통령에 의해 수여되었다. 그 전해에 교황이 된 요한 바오로 2세는 이탈리아에 온 그녀를 접견했다. 이렇게 만사가 궁극적인 시상 이벤트를 향해 치달았으니, 그것은 다름 아니라 1979년 12월 마더 테레사를 노벨 평화상 수상자로 만들고 상과 수표를 건네주는 것이었다.

사랑의 선교회가 정부 혹은 준정부 기구들로부터 받은 상금의 총액이 얼마인지에 대해선 아무도 신경 쓰지 않았다. 그 기금들이 어떻게 되었는지 또한 아무도 물은 적이 없다. 하지만 그 모든 돈을 하나의 사업에 썼다면 제3세계 전체에서 가장 훌륭한, 교육과 진료를 겸하는 병원을 콜카타에 만들 수 있었으리라고 해도 틀린 말이 아닐 것이다. 그런 게 마더 테레사의 의도도 아니고 바람도 아니라는 점을 우리는 머거리지 에피소드에서 짐작할 수 있다. 그녀가 돈을 많은 용도에 조금씩 나눠 쓰려 드는 것, 지속적인 빈민 구호보다는 종교 및 선교 사업에 바치기를 더 좋아하는 것을 보아도 그렇다. 어쨌거나 선교회가 부자와 권력자한테 돈을 청하거나 그들에게서 돈을 받지 않는다고 그녀가 주장하는 것이라면, 그 주장이 거짓이라는 점은 쉽게 증명된다.

옹호론자들이 대개 주장하는 바는 마더 테레사가 너무나 순진한 탓에 셈을 모르거나, 돈을 내놓는 자들이 어떤 사람인지를 재지 못하거나, 그들이 그 '후의'를 통해 마더 테레사와 연관됨으로써 득을 보는 사실을 깨닫지 못한다는 것이다. 바늘귀로 들어가려는 부자들의[32] 지원금은 받지 않겠다는 그녀의 호언을 잠시 잊는다면, 고인이 된 로버트 맥스웰의 경우 이 옹호 논리는 그런대로 타당하다고 할 수 있다.[33] 맥스웰 씨는 굳이 싫다지 않는 마더 테레사를 꼬드겨 자신의 신문 그룹이 주관하는 모금 계획에 끌어들이고는 (주목할 만한 몇 장의 홍보용 사진을 그녀와 함께 찍은 다음) 돈을 갖고 튄 듯하다. 그러나 맥스웰은 그의 생전에

---

32) "낙타가 바늘귀로 들어가는 것이 부자가 하나님의 나라에 들어가는 것보다 쉬우니라."라는 성경 구절(「마태복음」, 「마가복음」, 「누가복음」에 모두 나옴)에 빗댄 표현이다.

매우 노련하고 감정 따위에 휘둘리지 않는 인물 여럿을 바보로 만드는 데 성공한 사람이니만큼, 마더 테레사가 어떻게 이런 사악하고 탐욕스런 인물한테 시간을 내줄 수 있었느냐고 물을 수는 있겠으나, 그녀가 그의 냉소적인 조작에 죄없이 걸려들었다는 주장은 여전히 나름의 설득력이 있다 할 것이다.

그렇다 해도 찰스 키팅 씨의 경우에는 그런 주장을 하기가 어렵다. 전혀 불가능하지야 않겠지만 말이다. 키팅은 미국 역사상 최대 사기 사건 중 하나인 저축대부조합 스캔들과 관련해 10년 형을 복역 중이다. 1980년대 초, 레이건 첫 임기 중의 벼락 경기와 규제 철폐 시기에 키팅은 다른 투기꾼들과 나란히 미국 소액투자가들의 예탁금을 지속적으로, 범죄적으로 공략했다. 가짜 회사설립취지서와 정치적 뇌물 공여가 그의 방법이었다. (워싱턴에서는 아직도 '키팅 5인조'란 말이 쓰이곤 하는데, 키팅에게서 차명으로 엄청난 선거 기부금을 받고 그에게 특혜를 준 상원의원

---

33) 로버트 맥스웰(1923~1991)은 체코슬로바키아 출신으로 자수성가한 영국의 미디어 재벌이었다. 영국의 페르가몬 출판사, 미러 신문 그룹과 미국의 「뉴욕 데일리 뉴스」 등 국제적으로 숱한 매체를 소유해 루퍼트 머독과 쌍벽을 이룬 미디어 거물이었으나, 산하 회사와 직원 연금기금에서 막대한 돈을 불법 전용하는 등 갖가지 범죄를 저지른 비윤리적 기업인이기도 했다. 91년 자신의 호화 요트에서 실종된 후 대서양에서 시체로 발견되었다.

다섯 명을 가리키는 것이다.) 키팅은 재정적 야심은 물론 정치적 야심도 있었으며, 보수적인 가톨릭 근본주의자로서 리처드 닉슨 밑에서 일한 적이 있는바, 포르노그래피의 나쁜 영향을 조사하기 위해 만들어졌으나 숱하게 조롱을 받은 '외설과 포르노그래피에 관한 대통령 직속 위원회' 위원이 그의 직함이었다.

도둑으로서 성공의 절정에 달했을 때 키팅은 마더 테레사에게 기부를 했다(물론 자기 주머니에서 나온 게 아니다). 액수는 125만 달러였다. 자신의 개인 제트기를 그녀가 사용할 수 있도록 해주기도 했다. 그 보답으로 마더 테레사는 키팅이 몇몇 중요한 일에 그녀의 권위를 써먹도록 허락하고 자기 이름을 새긴 십자가를 선물로 주었는데, 키팅은 어딜 가든 이것을 지니고 다녔다.

1992년, 일련의 정치적, 재정적 위기와 미국 납세자들이 부담한 사상 최고액의 긴급 융자 조치 이후 키팅은 마침내 법정에 세워졌다. 그는 로스앤젤레스 상급법원에 출두해(그의 '링컨저축대부조합'은 캘리포니아가 주된 근거지였다) 훗날 악명을 떨치게 될 랜스 이토 판사가 주재하는 재판을 받았다.[34] 재판 결과는 딱하나일 수밖에 없었다: 캘리포니아 주법상 가능한 최고형.

재판 과정 중에 마더 테레사는 키팅 씨한테 관용을 베풀어달라는 편지를 법정에 보냈다. 자신이 피고인과 당초 어떻게 연관되었는지에 대한 설명은 일체 없었고, 저축금융 업계 약탈 행위의 죄과를 경감시킬 직접적인 증언 또한 없었다. 다음에 인쇄된 것이 그 편지이다.

두 가지가 곧장 눈길을 끈다. 첫째, '가난한 이들 중에서도 가장 가난한 이들에게 하는 무료 봉사'라는 주장을 머거리지한테 했을 때와 거의 같은 말로 하고 있지만 그와 연관된 주장, 즉 부자들은 아무런 봉사도 받지 못한다는 말은 자취를 감춘 듯하다. 다음으로, 편지가 놀랄 만큼 서투르다. 작문도 그렇고 제시 방식도 그렇다. 탐욕과 추문에 대해서는 아무것도 모르는, 그리고 뭐랄까 막연한 동정심 때문에 순진하게 중재에 나서고 싶어하는, 무구한 노파가 보낸 서한처럼 보일지도 모른다. 그러나 예를 들어, 마더 테레사의 매우 이데올로기적인 노벨상 수상 연설의 사본은 이것처럼 읽히지 '않는다.' 그것은 전문가답게 쓰이고 발표되었다. 그녀의 숱한 다른 공적 개입들도 훨씬 예리한 현실 감각

---

34) 일본계 미국인인 랜스 이토 판사는 1995년 O. J. 심슨의 재판을 주재했다. 프로축구 스타 출신 영화배우인 심슨은 아내와 그 남자 친구를 살해한 혐의로 기소되었으나 배심원에 의해 무죄 평결이 내려졌다. 이토 판사는 미국 사법사상 가장 큰 관심을 끈 이 재판을 엄정히 관리 못하고 이른바 '미디어 서커스'가 되도록 허용했다는 비난을 받기도 했다.

MISSIONARIES OF CHARITY

"As long as you did it to one of these My least brethren. You did it to Me"

**FILED**

Honorable Lance Ito
Superior Court
210 West Temple Street
Dept. 123, 13th floor
Los Angeles, Calif. 90012

JAN 27 1992

HANK 3... CLERK

DEPUTY

18/1/92

Dear Honorable Lance Ito,

We do not mix up in Business or Politicts or
courts. Our work, as Missionaries of Charity is to give
wholehearted and free service to the poorest of the poor.

I do not know anything about Mr. Charles Keating's
work or his business or the matters you are dealing with.

I only know that he has alway been  kind and
generous to God's poor,and always ready to help whenever
there was a need.   It is for this reason that I do not want
to forget him now while he and his family are  suffering.
Jesus has told us "Whatever you do to the least of my
brethern...YOU DID IT TO ME. Mr. Keating has done much to
help the poor, which is why I am writing to you on his
behalf.

Whenever someone asks me to speak to a judge, I
always tell them the same thing. I ask them to pray, to look
into thier heart, and to do what Jesus would do in that
circumstance.  And this is what I am asking of you, your
Honor.

My gratitude to you is my prayer for you, and your
work, your family and the people with whom you are working.

God bless you
M. Teresa mc

랜스 이토 판사

상급법원

웨스트 템플 가 210번지

13층, 123과

로스앤젤레스, 캘리포니아. 90012

랜스 이토 판사님께.

　　우리는 사업이나 정치나 법원 일에 끼어들지 않습니다. 사랑의 선교회로서 우리가 하는 일은 가난한 이들 중에서도 가장 가난한 이들에게 마음을 다해 무료 봉사를 하는 것입니다.

　　찰스 키팅 씨가 하는 일이나 그의 사업, 혹은 판사님이 다루는 사항에 대해 저는 아무것도 알지 못합니다.

　　제가 아는 것은 단지 그가 주님의 빈자들에게 언제나 친절하고 관대했으며, 필요가 생길 때면 언제나 기꺼이 도울 태세였다는 점입니다. 지금 그와 그의 가족이 고통을 받고 있는 동안 제가 그를 잊고 싶지 않은 것은 이 때문입니다. 예수께서 말씀하셨지요. "너희가 여기 내 형제 중 지극히 작은 자 하나에게 한 것이 곧 내게 한 것이니라." 키팅 씨는 가난한 이들을 돕는 데 많은 일을 했습니다. 그래서 제가 그를 위해 판사님께 편지를 쓰는 것입니다.

　　누가 저더러 판사에게 도움말을 해달라고 청할 때마다 저는 항상 똑같은 말을 해줍니다. 기도하고, 자신의 마음속을 들여다보고, 그런 상황에서 예수님이라면 하셨을 일을 하라고요. 판사님께도 바로 그것을 부탁드리는 겁니다.

　　당신과 당신의 일, 당신의 가족과 당신이 함께 일하는 사람들을 위한 제 기도 속에서 당신에게 감사를 드립니다.

하느님의 축복을.

마더 테레사

을 보여준다. 마더 테레사가 스스로 경험해본 적이 없으므로 자격 미달임을 인정하지 않을 수 없는 사안, 이를테면 성과 생식 따위를 화제로 삼을 때조차 그렇다.

이 간청에 뭔가 내숭스러운 데가 있다는 의심은 로스앤젤레스 지방 검사보로서 키팅 사건의 기소 담당자 중 하나였던 폴 털리 씨도 느꼈던 바다. 그는 스스로 나서서, 그리고 시민 개인의 자격으로, 세심하게 답장을 써서 보냈다. 다음은 처음으로 발표되는 그 내용이다.

마더 테레사 님.

저는 로스앤젤레스 카운티 지방 검사보이자 당신의 후원자인 찰스 H. 키팅 주니어의 기소를 맡은 사람 중 하나입니다. 키팅 씨를 위해 이토 판사께 보내신 편지를 읽었습니다. 키팅 씨의 사업이나 이토 판사에게 제출된 그의 범죄 혐의에 대해 아무것도 모른다고 쓰셨더군요. 제가 편지를 하는 것은 키팅 씨가 유죄임이 확정된 범죄의 내용을 간략하게 설명드리고, 키팅 씨가 당신께 준 돈의 출처를 이해시켜 드리는 한편, 당신이 그 돈을 정당한 주인에게 되돌려주는 도덕적이고 윤리적인 행동을 하시면 어떨까 권해드리기 위해섭니다.

104

키팅 씨는 17명한테서 90만 달러 이상을 사취한 혐의를 받고 있습니다. 이 17명은 키팅 씨가 2억 5200만 달러를 가로챈 1만 7000명의 개인들을 대표한다고 할 사람들입니다. 키팅 씨의 구체적인 사기 행위를 들면, 그의 회사에서 채권을 사들이는 사람들에게 일련의 거짓된 설명과 주장을 했으며, 결정적인 정보를 알고 있으면서도 그것을 채권 구매자들에게 숨김으로써 피해자들 자신은 안전하고 위험도 낮은 투자를 하고 있다고 믿게 만들었다는 것입니다. 하지만 진실과 사실을 보자면, 그들의 돈은 키팅 씨의 터무니없는 낭비와 사치의 생활에 쓰였습니다.

키팅 씨에게 사기를 당한 희생자들은 광범한 계층에 퍼져 있습니다. 일부는 부자에다 고학력자입니다만, 대부분은 재산이 많지 않고 대형 금융 거래에 익숙지 않은 사람들입니다. 한 사람은 정말 영어조차 모르는 가난한 목수였는데, 평생 저축한 돈을 키팅 씨한테 사기당했습니다.

당신의 조직이 구호로 삼는 성경 구절은 "너희가 여기 내 형제 중 지극히 작은 자 하나에게 한 것이 곧 내게 한 것이니라."라지요. 형제 중 '지극히 작은' 자들이 키팅 씨가 거리낌 없이 벗겨먹은 사람들 속에 들어 있습니다. 당신이 잘 아시

다시피 하느님의 용서는 누구나 받을 수 있지만, 용서받기 전에 죄를 인정해야 하는 것입니다. 키팅 씨는 자신의 죄와 범행을 인정하기는커녕, 자신의 악행을 다른 사람 탓으로 돌리는 독선을 고집하고 있습니다. 당신은 경탄스럽게도 빈자들과 함께해왔습니다. 저의 경험은 사기꾼 협잡꾼들과 함께였습니다. 사기꾼이 가족과 친구, 자선 단체에 후하게 구는 것은 보기 드문 일이 아닙니다. 그런 후함으로 사랑이나 존경 혹은 용서를 살 수 있다고 믿는지도 모릅니다. 그러나 '면죄부'를 사는 것이 용서를 구하는 허용된 방법이던 시대는 종교개혁과 함께 끝났습니다. 어떤 교회도, 어떤 자선 단체도, 어떤 조직도 범죄자의 양심에 바르는 고약으로 이용되는 것을 허용해서는 안됩니다. 용서받을 수 있다는 데에 우리는 모두 감사하지만, 우리 모두는 또한 우리의 의무를 다해야 합니다. 판사와 배심원도 마찬가지지요. 구약 성서의 예언자인 미가의 훈계가 생각나는군요. "사람아 주께서 선한 것이 무엇임을 네게 보이셨나니 여호와께서 네게 구하시는 것이 오직 의(義)를 행하며 인자(仁慈)를 사랑하며 겸손히 네 하느님과 함께 행하는 것이 아니냐." 우리는 인자함을 사랑하라고 촉구받지만 의를 '행해야' 합니다.

당신은 이토 판사한테, 찰스 키팅에게 판결을 내릴 때 자신의 마음속을 들여다보고 예수님이라면 하셨을 일을 하라고 권고합니다. 같은 과제를 당신께 드리고 싶네요. 범죄의 열매를 받았을 때 예수께서 어떻게 할지를 스스로에게 물어보십시오. 도둑질한 돈을 갖고 있다면 예수는 어떻게 행동할까, 도둑이 양심을 편케 하려고 예수를 악용한다면 그분은 어떻게 할까를 말입니다.

나는 예수님이 망설임 없이 즉각 그 훔친 재산을 정당한 소유주에게 돌려주리라고 생각합니다. 당신도 그래야 합니다. 당신이 키팅 씨에게서 받은 돈은 그가 사기하여 훔쳤음이 유죄 판결로 확인된 돈입니다. 그가 원하는 '면죄부'를 그에게 허락하지 마십시오. 돈을 붙들고 있지 마십시오. 일을 하여 그 돈을 정당하게 벌었던 사람들에게 돌려주십시오!

제게 연락을 주시면 당신이 지금 갖고 계신 재산의 정당한 주인과 곧장 연결해 드리겠습니다.

폴 W. 털리 드림


3년이 지났지만 털리 씨는 이 편지의 답장을 받지 못했다. 돈이 어디로 사라졌는지 설명해줄 사람 또한 없다. 성자들은 아마

회계감사를 받지 않아도 되는 모양이다.

이것이 돈에 대한 마더 테레사의 은밀스러운 태도를 보여주는 유일한 사례도 아니며, 스스로 부과한 가난이든 아니든 간에 가난의 아름다움에 대해 그녀가 해온 단언들의 위선을 보여주는 유일한 사례도 결코 아니다.

하지만 가장 뚜렷하고 가장 기록이 잘 된 사례로서, 순수함과 탈속(脫俗)을 운위하는 통례적인 옹호론에 맞서는 증거다. 권력과의 거래에서 그렇듯, 금전을 다루는 데 있어서도 마더 테레사가 다스리는 왕국은 속세와 닮은 데가 아주 많다.

# 편재

당연히 수수께끼들은 있다. 나는 우주가 유한한지 무한한지 알고 싶다. 그 두 단어가 아무 뜻이 없다고 확신할 수 있다면 더욱 좋겠다. 하지만 우리 삶의 행로를 흥미롭게 만들고 우리의 의문 게임에 자극을 주는 유의 수수께끼를 빼면, 나는 사물의 핵심에 아무 신비도 없다고 보며 비트겐슈타인의 심각하게 인기 없는 다음 언명에서 위안을 얻는다. "철학은 정녕 모든 것을 단지 내세울 뿐이고 아무것도 설명하고 추론하지 않는다. 모든 것이 숨김없이 드러나 있으므로 설명할 것이 아무것도 없기도 하다. 왜냐하면 숨겨져 있을지 모르는 것은 우리의 관심사가 아니기 때문이다."

—고어 비달, 『두 자매』


성경은 우리에게 원수를 사랑하라고 명한다. 나는 교황을 매우 사랑한다.

—신부 출신 아이티 대통령 장-베르트랑 아리스티드

# I

　로마 가톨릭 교회가 지배적이던 중세의 어떤 시점에 교회는 이론의 문제, 실천의 문제와 대면하지 않을 수 없었다. 인간 영혼이 오로지 신약성서 정전(正典)―예수 그리스도의 탄생, 생애, 죽음 및 부활에 관한―을 받아들임으로써만 구원을 받을 수 있다면 그 소식을 들어보지 못한 사람은 어떻게 되는가? 이들은 죽이거나 태워버려야 할 이교도 혹은 이단자가 아니라 '불가항력적 무지'에 시달리는 사람들이었다.[35] 그들은 두 범주로 나뉘었다. 기독교 신앙이 찾아들고 영향을 준 적이 없는 지역에 살던 사람들, 그리고 그리스도 시대가 시작되기 전에 사망한 사람들. (셋

---

35) 여기서 '불가항력적 무지(invincible ignorance)'란 신학적 개념에 관한 스스로 극복할 수 없는 무지, 그러므로 하느님 앞에서 책임을 지지 않아도 되는 무지를 말한다.

째 범주도 있었는데, 예수 자신의 사도들이 그에 속했다. 이들 역시 성경 이야기를 읽은 적이 없었다.[36) 하지만 사도들은 면제되었으며 지금도 그런 상태다.) 그리스도가 태어나기 전에 소멸한 사람들한테는 해줄 수 있는 것이 별로 없었다. 단테가 그들을 위해 최선을 다했고, '사도신경'에는 예수가 일종의 소급적인 구원을 수행하기 위해 지옥으로 내려갔다는 구전이 있기는 하지만 말이다. 그러나 비기독교 지역에 살던 사람들은 개종 작업이 반드시 필요한 것으로 천명되었다.

이 작업이 정복과 종교적 형제 살해, 혹은 제국주의와의 연관으로 언제나 기억되리라는 것은 어떻게 보면 유감스러운 일이다. 매우 빈번히, 이 작업의 주된 결말은 기독교 자체 내 여러 분파 사이의 피비린내 나는 갈등이었다(예를 들면, 예루살렘에 도착한 가톨릭 십자군은 한참 뒤에 그리스정교를 믿는 비잔틴 제국의 콘스탄티노플을 공략했다). 그 이후 시기에 가톨릭과 개신교 양쪽의 선교사들이 중국과 일본 내부로, 아프리카와 남아메리카의 오지로 스며들지만, 그들의 존재는 교역소 및 주둔군의 존재와 분리될 수 없는 것이었다.

---

36) 신약성서의 책들은 AD 45년께부터 약 한 세기 동안에 쓰였기 때문에 사도들에겐 예수의 삶과 말씀 등을 기록한 성서가 없었다.

노예제도, 식민주의, 강제 노동과의 수지맞는 협력 과정에서 기독교의 '문명화 사명'은 강하게 뿌리 내린 토착 종교와 자주 마찰을 빚었다. 토착 종교에 적응하지 못했거나 그 신자들을 절멸시킨 곳에서는 선교가 별로 진척되지 못했다. 인도의 경우, 유럽 네 열강의 먹이로 놓였다가 결국 영국령이 되었거니와, 기독교의 영향이 비교적 약한 상태로 지속되어 왔다. 인도 당국은 오늘날까지도 선교와 외국의 간섭 간의 연관을 의심할 정도이니, 선교 활동을 방해하는 게 보통이었다. 그러나 마더 테레사의 사랑의 선교회는 대체로 그냥 놔두었는데, 그 창시자의 세계적인 명성을 존중해서다. 콜카타의 마더 테레사 시설은 그러므로 애수와 노스탤지어의 요소를 갖는다. 그것은 정복과 십자군 원정이라는 한때 방대했던 사업의 주되고 고독한 유물인 것이다.

아그네스 보야지우라는 여자 아이가 1910년 8월 27일에 지금은 마케도니아 공화국의 수도가 된 스코페 시의 알바니아계 가톨릭 가정에 태어났을 때는 천직으로서의 '선교'라는 개념이 아직 유력하던 시절이었다. 그 지역에서는 예전이나 지금이나 교회에 대한 헌신이 단순한 신앙 고백의 문제에 그치는 게 아니었다. 그것은 국가, 지역, 심지어 당에 대한 것까지 일련의 충성들과 겹쳐졌고, 지금도 그렇다.

우리는 아그네스의 어린 시절에 대해 별로 알지 못하고, 그녀에 관해 쓰여진 신앙 책자들 또한 많은 것을 일러주지 않지만, 그녀의 아버지 니콜라는 잘되는 상점의 주인이었으며 소녀가 겨우 8살이었을 때 민족주의를 둘러싼 다툼 속에서 사망한 듯하다.[37) 가족은 신앙심이 매우 깊었고 성심(聖心) 교구에 속했는데, 스코페에서 이 교구는 알바니아 정체성과 깊은 의미를 지녔다. 예수회 사제의 영향으로 그녀는 선교 사업에 관심을 갖게 되어, 본인말에 따르면 12살 때 가난한 사람들에게 말씀을 확산시키는 일에 생애를 바쳐야 한다는 생각을 처음으로 받아들이게 되었다.

그녀는 맬컴 머거리지에게 이렇게 말했다. "처음에는, 12살에서 18살까지는 수녀가 되고 싶지 않았어요. 우리 가족은 매우 행복했거든요. 그러나 18살이 되었을 때 저는 집을 떠나 수녀가 되기로 결심했지요." 수녀원 —로레토 성모수녀회—에 들어간 그녀는 스코페를 떠나 자그레브로 갔고, 거기서 다시 아일랜드의 더블린으로 향했다. 더블린은 오늘날까지 로레토 수녀회의 본부가 있는 곳이다. 1928년 그해 후반에 그녀가 벵골 지방의 로레토 선교구로 가기 위해 탄 배는 크리스마스 직후 실론 섬의 콜롬보

---

37) 니콜라는 알바니아 민족주의자였다고 하는데, 어느 날 정치 집회를 마치고 돌아와서 앓아 누웠다 사망한 것으로도 전해진다.

항에 들르기도 했다.

아그네스의 어린 시절에 대한 제르지 박사의 서술은 그 단편성 때문에 오히려 흥미를 돋운다. 예를 들어 우리는 훗날 마더 테레사가 될 소녀의 남동생 라자로가 "1939년 이탈리아로 가서 전쟁 중과 종전 후 거기 머물렀으며, 결국 그곳에서 죽었"다는 것을 알게 된다. "1910년 가을, 세르비아 군이 스코페에 도착했을 때, 선교사들은 사목 활동을 도시 내로 한정해야 했다. 1914년 전쟁이 발발하면서 사태는 더 악화했다."라는 것 또한 알게 된다. 이 소략한 설명에서 우리는 제2차 발칸 전쟁과 두 차례 세계대전이 열렬한 보야지우 가족에 끼쳤을 영향을 단지 짐작만 할 수 있을 뿐이다. 하지만 어느 정도 배경을 추정해볼 수는 있다.

알바니아인은 토스크 방언을 쓰는 사람들과 게그 방언을 쓰는 사람들로 나뉘는데, 각기 슈쿰빈 강의 남쪽과 북쪽에 산다. 대부분이 이슬람 교도며, 토스크인 일부가 정교회를, 게그인 일부가 가톨릭을 믿는다. 보야지우 가문이 속한 게그인은 고질적 분쟁지인 코소보에도 많이 산다. 현재 세르비아의 '자치주'인 코소보는 알바니아인이 다수지만, 정교회 세르비아인들의 가장 신성한 전쟁터—14세기에 터키인들에게 대패한 장소—가 있는 지역이기도 하다.

1927년 알바니아의 조그 왕이 베니토 무솔리니와 체결한 조약으로[38] 알바니아는 사실상 이탈리아 파시즘의 보호령이 되었다. 조약은 이탈리아 장교들의 알바니아 군대 훈련과 알바니아 은행의 로마 배치를 규정했다. 나중에 무솔리니와 바티칸 사이에 협약이 체결되어 교황이 파시즘의 기획을 승인하게 되지만, 그 전에 벌써 이 조약이 알바니아 전역에 로마 가톨릭의 침투에 유리한 조건을 조성했다. 가톨릭 교회가 많은 학교를 열 수 있도록 허가받았고, 그리스 정교회에서 운영하는 학교들은 폐쇄되었다(그리스는 이 문제로 알바니아를 상설국제사법재판소에 제소하여 1933년 승소, 자기네 언어와 종교에 대한 소수 민족들의 권리를 규정하는 이정표적 결정을 이끌어냈다). 제2차 세계대전의 도래도 추축국을 향한 '대(大)알바니아'의 열광을 감소시키지 못했다.[39] 히틀러가 아테네를 덮칠 때조차 알바니아 저명인사들로 구성된 대표단은 무솔리니를 모시고는 알바니아 민족영웅 스칸데르베그의 왕관을 바치고 있었다.

이 시기에 눈에 띄는 사실은 '어머니 알바니아' 사상을 향한 모

---

38) 대통령이던 조그가 왕으로 즉위한 해가 1928년이니 정확히 말하면 이 조약은 대통령 시절에 맺은 것이다.

든 알바니아 극단주의자들의 충성이다. 무솔리니가 결국 몰락했을 때 엔베르 호자가 40) 이끄는 알바니아 공산주의자들은, 파시스트들도 포함된 알바니아 정치 단체 회의에서, 전쟁이 끝난 뒤 코소보를 알바니아에 합병시키라는 요구를 거들었다. 티토의 유고슬라비아 빨치산이 워낙 강력하고 (당시에는) 모스크바에서 비중이 컸으므로 이 요구는 무시되었다. 하지만 호자가 조직한 전후 내각의 많은 각료들이, 군사적 영토 확장 생각을 품고 있던 전쟁 전의 파시스트 운동 단체 알바니아 릭토르 청년단 41) 출신으로 숙청되지 않은 사람들이었다(이처럼 파시즘에서 공산주의로 정치 스펙트럼을 횡단하는 것은 기괴하지만 일관성 있어 보이기도 하는바, 호자의 후계 독재자 라미즈 알리아 역시 그러한 사람 중 하나였다).

---

39) 추축국이란 제2차 세계대전 때 연합국에 대항하여 동맹을 맺은 독일·이탈리아·일본과 그에 동조한 국가들을 이른다. '대알바니아(Greater Albania)'란 알바니아 공화국 바깥의 코소보, 마케도니아 일부 등 알바니아인이 많이 사는 지역을 가리키기도 하고, 본국까지 뭉뚱그린 호칭이기도 하며, 이 모든 지역을 통일해서 알바니아를 발칸의 대국으로 만들자는 민족주의자들의 개념이기도 하다.
40) 알바니아의 공산주의 독재자였던 엔베르 호자(1908~1985)는 1944년부터 10년간 총리를 지냈고 54년엔 노동당 중앙위 제1서기가 되어 85년 사망할 때까지 집권했다.

전쟁 전에는 파시즘과 가톨릭 신앙, 알바니아주의, 그리고 알바니아·이탈리아 단결 이념이 밀접하게 동일시되었다. 그 뒤 종교적 정체성은 호자가 '세계 최초의 무신론 국가'를 선포함에 따라 공식적으로 억압됐다. 그럼에도 불구하고 증거들로 미루어보건대, 스탈린주의의 너울 아래 민족통일 이데올로기가 존속했으며 이는 마르크스와 레닌의 경전적 텍스트를 둘러싸고 일어났다는 어떤 이론적 분열 못지않게 알바니아의 외교 정책 설정에 영향을 끼친 듯하다. 다시 말해서, '애국적'인 문제에서라면 알바니아 가톨릭 민족주의자라도 유물론의 외양을 갖춘 공산주의 체제에 충성심을 느낄 수 있었다는 것이다.

그렇지 않다면 스탠퍼드 대학 후버 연구소에서 모든 공산주의 국가들의 동향을 모아 발행하는 『1990년 국제 공산주의 사건 연감』 중 다음의 항목을 어떻게 설명하겠는가?

비자를 획득하려는 이전의 시도를 여러 차례 거부한 후, 8월에 정부는 마더 테레사의 티라나 방문을 허가했다. '사적'

---

41) 릭토르(Lictor)는 고대 로마 행정관의 수행원을 이른다. 이들은 자신이 섬기는 행정관의 위엄을 나타내는 '파스케스(fasces, 막대기 다발 속에 도끼를 끼운 것)'를 들고 다녔는데, 훗날 '파시즘'이라는 말이 여기서 나왔다.

인 방문이라고 했지만, 마더 테레사를 맞은 것은 호자 부인
과 외무장관 레이스 말릴레, 보건장관 아흐메트 캄베리, 인
민의회 의장 페트로 도데를 포함한 국가 및 당 관료들이었다.
알바니아 태생 수녀이자 노벨 평화상 수상자는 충실하게 어
머니 알바니아 기념상에 화환을 놓고 "엔베르 호자 동지의
묘소에 꽃다발을 바치고 예를 표했다." 세계적 명성을 지닌
이 가톨릭 수녀는 정부의 야만적인 종교 탄압에 대해 한마디
비판의 말도 던지지 않았다.

'어머니 알바니아' 상은 [42] ─ 이 점을 강조할 만하겠는데 ─ 국
가 독립에 대한 감상(感傷)의 추상적 상징이 아니다. 그것은 '대
알바니아' 명분의 표상이다. 근처에 있는 박물관이 이 야망의 경
계를 지도 형태로 보여준다. '어머니 알바니아' 는 수난의 땅인
코소보 외에도 세르비아와 몬테네그로의 적잖은 부분과 옛 유고
슬라비아 마케도니아의 상당 부분, 그리고 오늘날 이피로스 지방
으로 알려진 그리스 북서부 지역의 대부분을 포괄하는 것으로 드

─────────────────

42) 어머니 알바니아 상은 티라나 시 국립 순국자 묘지에 있는 12미터 높
이의 석상이다. 이곳에는 2차대전 때 죽은 빨치산 2만 8000명이 묻혀
있다.

러난다.

나는 '마더 테레사'가 '어머니(마더) 알바니아'에, 그리고 그 후원자였던 무자비한 살인마 엔베르 호자에게 예를 표하는 필름을 갖고 있는데, 그것은 아이티에서의 그 악명 높은 포옹과 똑같은 의문을 부른다. 탈속의 순수함과 자선의 대명사인 여인이 그 갤리선에서 도대체 무얼 하고 있는 건가?[43] 알바니아 건에 대한 옹호자들의 변명은, 마더 테레사가 선조들의 무덤을 방문하기 위해 한두 가지 '인사'를 차린 것은 당연하다는 얘기였고, 아이티 건에 대해서는 그녀의 선교회가 그 나라에서 자유로운 활동을 허락받으려면 한두 가지 타협은 불가피했다는 거였다. 꽤나 흥미롭게도, 이 같은 해명은 마더 테레사 자신이 내놓은 게 아니다. 그녀는 두 문제 모두에 대해(그리고 다른 많은 문제들에 대해서도) 자신의 생각을 남에게 털어놓은 적이 없다.

마더 테레사가 자신의 교회 내 강경파들이 취한 완고한 정치적 입장을 촉진하느라 이 두 여행(그리고 많은 다른 여행들)을 한 것은 아닌지도 한 번쯤은 생각해볼 만하다. 개인 행동과 의문스

---

43) 17세기 프랑스 극작가 몰리에르의 연극 「스카팽의 간계」에 나오는 "그 애가 그 갤리선(노예선)에서 도대체 무얼 하고 있는 거지?"라는 대사를 빌려온 것이다.

러운 정책은 각 사례에서 최소한 서로 어울린다. 아이티의 경우, 바티칸은 오랫동안 '뒤발리에류'의 과두정치를 옹호하는 입장을 취해온 터였다. 장-베르트랑 아리스티드 신부가[44] 체제에 맞서 카리스마적인 인민주의 캠페인을 펼쳤을 때, 교회의 성직자단에선 즉각 그에게 적의를 보였고, 결국은 그의 신부 자격을 중지시켰다. 아리스티드가 선거에서 당당히 승리하고 군사 쿠데타로 꼴사납게 밀려났다가 국제 중재를 통해 마침내 권력을 회복하게 되는 동안, 바티칸은 권력을 찬탈한 독재정권과 공식 외교관계를 여전히 유지한 세계 유일의 정부였다. 마더 테레사의 활동들은 그렇다면 교회가 취한 가장 교조적인 노선을 대변하는 것이었다.

이와 비슷하게 발칸반도에서는 유고슬라비아의 붕괴와 해체가 본질상 세계대전 이전의 것인 반목들을 다시 도지게 했다. 크로아티아가 바티칸과 독일의 지원을 받아 독립을 선언하고 안테 파벨리치가 이끌던 전시 공화국의 숱한 상징과 표장(標章)들을 복원했다. 파벨리치 정부는 바티칸과 제3제국의 비호 아래 자국 유대인들을 학살하고 정교를 믿는 세르비아인들에 대한 강제 개종

---

44) 장-베르트랑 아리스티드(1953~ )는 로마 가톨릭 신부 출신의 아이티 정치인이다. 1991년, 1994~96년, 2001~2004년 세 차례에 걸쳐 대통령을 지냈으며, 91년과 2004년에는 쿠데타로 실각했다. 2004년 쿠데타 후 남아프리카 공화국으로 망명했다.

작업에 착수했었다. 저항하는 자는 사형에 처해졌다. 이 기억만으로도, 그리고 그 일에 대해 아무 뉘우침도 없음이 명백하다는 것만으로도 세르비아인 사이에 민족주의적, 종교적인 편집증이 생겨났으며 이들은 영토 확장과 교파 강화의 전쟁을 개시하고 그 과정에서 부코바르와 사라예보 등의 도시를 파괴했다. 크로아티아의 다수당은 프라뇨 투지만의 지도 아래 보스니아 땅의 일부를 베어내고 모스타르 시를 파괴하는 것으로 답했다.

이보다 더 불길한 것은, 전면적인 전쟁이 벌어져 옛 유고슬라비아의 경계들이 파괴되고 다시 한 번 가톨릭과 정교회가 대결하며, 양자가 지역에 따라 다양하게 연합하면서 이슬람과 맞붙게 될지 모른다는, 과거에도 현재에도 상존하는 가능성이다. 마케도니아 서부의 알바니아인 중심지인 테토보에서, 그리고 코소보에서도, 지방의 열성분자들은 '대(大)세르비아'에 대한 응전으로서 '대(大)알바니아'를 이야기한다. 그러면서 그들이 휘두르는 것은 마더 테레사의 사진이다.

Ⅱ

  중재란, 도덕적인 것이든 정치적인 것이든, 언제 어디서나 가장 절묘한 타이밍의 문제다. 어떤 시간을 택하고 어느 장소를 고르느냐가 매우 많은 것을 말해줄 수 있다. 그러고 보면, 아무 말도 않고 아무것도 하지 않는 순간들 역시 많은 것을 말해줄지 모른다. 마더 테레사는 정치의 '위에서' 일한다기보다는 정치 '너머에서' 초월적인 방식으로 일한다고 주장하기를 좋아한다. 자신이 비정치적이라는 공인(公人)들의 주장은 모두 비판적 정밀조사를 해볼 만하며, 그냥 '영적인' 영향만을 주는 척하는 사람들의 그런 주장은 가일층 정밀한 검토를 요한다. 단순하고 소박하다는 사람들이 겉보기대로 단순 소박한 경우는 드물다. 그리고 이런 의심은 자기 자신의 단순 소박성을 천명하는 사람들을 보며 더욱 강화된다. 거짓 겸손만한 자만이 없으며, 반(反)정치만한 정치가 없다. 빛 좋은 개살구식 반물질주의만한 통속성이 없듯이.

　마더 테레사의 타이밍은 타고난 천재성의 온갖 징표를 보여준다. 그녀의 메시지가 필요한지, 그것이 어떤 방식으로 전달되어야 하는지에 대해 그녀는 직관하고 통찰한다. 비교적 작은 사례를 들어보자. 1984년 인도 보팔 시는 끔찍한 산업 재앙의 장이었다. 값싼 노동력과 정부의 세금 감면 혜택에 이끌려 이 시에 세워진 유니언 카바이드 공장이 폭발하여 드넓은 시민 거주 지역에 유독성 화학물질을 쏟아냈다. 2500명이 거의 즉사했다. 그리고 수천 명이 허파를 태우는 방사 가스에 질식하고 건강을 영영 해쳤다. 이어진 조사는 거듭된 태만과 과실을 드러냈고 안전에 대한 이전의 경고를 공장 측이 제쳐두거나 무시했다는 것이 알려졌다. 이 경우에는, 보험회사가 그들 계약서의 작은 글자로 된 유의사항 부분에 즐겨 넣는 그 '천재지변'은 전혀 없었고, 오로지 거대 다국적 기업의 충격적인 무감각만 있었다. 마더 테레사는 즉각 보팔로 가는 비행기에 올랐다. 공항에서 희생자들의 분노한 가족과 친척들이 그녀를 맞으면서 어떻게 하면 좋을지 한 말씀 해달라고 부탁하자, 그녀는 서슴없이 응했다. 그때의 비디오테이프를 내가 갖고 있다. "용서하세요." 그녀는 말했다. "용서하세요, 용서하세요."

겉으로만 보아도 이상한 명령이다. 용서해야 할 일이 있다는 걸 그녀가 어떻게 알았을까? 누군가 그녀한테 용서를 구했던가? 이런 상황에서 빈자가 부자에게 지는 의무는 무엇일까? 그리고 용서를 권하거나 베풀 권한은 누가 갖고 있는가?[45] 이런 질문에 대한 어떤 답도 없는 판이니, 마더 테레사의 항공편 보팔 방문은 서두른 피해 관리 활동, 정당한 세속적 분노를 봉쇄하려는 방편으로 읽힌다.

필름이 또 하나 있다. 이번에는 마드리드 공항에서 마더 테레사를 찍은 것이다. 그녀는 이혼, 낙태 및 산아제한을 허용하는 프랑코 이후 입법에 반대하는 성직자 세력에 힘을 보태기 위해 날아왔다. 공항에 모인 군중은 매우 전통적인 스페인 우익이고, 여기저기 푸른 셔츠와 하늘을 향해 쳐든 오른팔이 보인다.[46] 이것은 스페인이 세속사회로 진화할 것인가 아닌가를 결정하는 첫 투

---

45) (저자 주) 여기에 내 개인적 이야기를 덧붙였으면 한다. 마더 테레사는 1994년 가을 콜카타 신문사들로부터, 나와 동료들이 그녀의 활동을 비판적으로 다룬 다큐멘터리 「지옥의 천사」에 대한 논평을 요청받았다. 그녀는 그 프로그램을 보지 않았지만, 그녀의 대답은 그것을 만든 우리를 '용서' 했다는 거였다. 이건 좀 묘하다. 왜냐하면 우리는 그녀나 다른 누구의 용서를 구한 적이 없기 때문이다. 무슨 권리로 그녀가 용서할 권능을 참칭하는지 묻고 싶은 사람한테는 더 기묘한 일이다. 양심적인 기독교인 중에는 용서 또한 복수라는 수렴제처럼 보다 높은 힘인 신에게 맡겨야 한다고 말할 사람도 있다.

표 중 하나였다. 마더 테레사는 이 논쟁에서 자기 입장을 밝혔고, 그 입장은 명확하게 보수 쪽이었다. 그러는 내내 자신은 정치 위에 있다고 주장하면서 말이다. 이 특권을 행사하는 것은 사실 남용이다. 노크에서 그랬듯.

1988년 마더 테레사는 런던을 방문했는데, 표면상 목적은 점점 더 심각해지는 도시 노숙자 문제를 토론하기 위해서였다. 노숙자들이 공원과 템스 강 둑에서 마분지로 구조물들을 대충 짓고 사는 바람에 '마분지 도시'라는 신조어가 생겨났을 정도였다. 이 주제에 대해 간단히 이야기를 한 후 마더 테레사는 다우닝가 10번지로 안내되어 수상 마거릿 대처와 독대할 기회를 가졌다. 대처 여사가 '마분지 도시'의 주민들에 대해, 아니 그 밖의 거의 모든 인간의 실패와 패배 형태에 대해서도 비정한 것은 널리 알려져 있었다. 그리고 마더 테레사가 논하고 싶었던 사항 또한 노숙자의 곤경 따위가 전혀 아니었다.

두 여성은 낙태 문제에 대한 비밀회의를 시작했는데, 낙태는 자유당 의원 데이비드 올튼이 하원에 제출한 의원 입법 법안의 주제였던 것이다. 올튼 씨는 낙태 수술 제한이 목적이었던바, 마

---

46) 프랑코가 이끌었던 스페인 팔랑헤 당원들은 푸른 셔츠를 입고 나치처럼 오른손을 들어 경례했다.

더 테레사의 중재가 소중했을 것은 의심의 여지가 없다. 그는 그녀와 마가릿 대처의 만남이 자신의 캠페인을 엄청 띄우는 계기로 작용했다고 기자들에게 말하고, 두 여성의 정상회담 성사를 자기 공으로 돌렸다. 결정적인 의회 투표 전야에 벌어져 글쟁이와 사진쟁이들의 야단법석을 동반한 이 만남에 대해 다른 어떤 말을 하든, '비정치적' 이라는 형용사를 붙이기는 쉽지 않을 것이다.

그리고 이제 사진 한 장, 혹은 한 쌍. 마더 테레사가 의자에 앉아 로널드 레이건과 그의 비서실장 도널드 리건하고 진지한 대화를 나누는 중이다. 두 사내 모두 진지하기로 작정한 표정이다. 1985년 5월 백악관 안에서 찍은 사진이다. 마더 테레사는 대통령이 수여하는 자유훈장 수훈자로 결정된 터였다. 그날 함께 훈장을 받은 사람들 중에는 프랭크 시나트라, 제임스 스튜어트, 진 커크패트릭도 들어 있었다. 이 사진의 셔터가 눌리던 당시, 로널드 레이건은 가톨릭의 감성을 세심하게 배려해야 할 온갖 이유가 있었다. 그의 중앙아메리카 정책은, 산살바도르 대주교와 미국인 수녀 4명이 살해된 일을 그의 각료들이 옹호하는 결과에 이르렀는바, 유권자들의 심한 반감을 샀다. 그의 보다 과감한 거짓말 중하나, 즉 교황으로부터 자신의 지협(地峽)[47) 정책을 지지하는 사신을 받았다는 주장은 상당한 당혹을 자아낸 후 어쩔 수 없이 취

소된 터였다. 마더 테레사가 앉아 있던 바로 그 건물 지하에서는, 올리버 노스라는 이름의 해병 대령이(그는 개인적 계시를 약속받고는 가톨릭 교회를 버리고 복음주의 오순절교회로 개종한 사람이다) 훗날 대통령을 거의 몰락시킬 뻔하게 되는 모종의 작전을 열심히 짜고 있었다.[48]

로널드와 낸시를 양옆에 달고 백악관 현관에 선 마더 테레사는 무슨 말을 해야 할지 정확히 알고 있었다.

저는 우리 대통령 레이건 씨와 그 영부인과 미국인들이 주시는 이 너그러운 선물을 받을 자격이 전혀 없는 사람입니다. 하지만 저는 하느님의 보다 큰 영광을 위하여, 그리고 수백만 빈자들의 이름으로 이것을 받습니다. 이 선물이 영혼과 사랑으로 사람들의 마음에 스며들기를 바라면서요.

---

47) 지협(isthmus)이란 두 개의 육지를 연결하는 좁고 잘록한 땅을 말하는데, 여기서는 남북 아메리카를 연결하는 파나마 지협과 그 주변 지역을 가리킨다.

48) 올리버 노스는 당시 국가안전보장회의(NSC)에 배치돼 백악관에서 일하고 있었다. 그가 짜고 있었다는 작전은 '이란-콘트라 사건'으로 알려진 것이다. NSC 의장의 지휘 아래 행정부의 공식 정책과 달리 이란에 은밀히 무기를 판매하고, 그 대금으로 니카라과 반군 콘트라를 불법 지원했다는 내용이다. 86년 말에 폭로돼 국제적인 스캔들이 되었다.

이런 유의 겸손—하느님을 대변하고 빈자들을 대변하는—은 이제 그녀로서는 너무 표준적이라 아무도 의식조차 하지 않을 정도다. 그 다음을 듣자.

당신께서 민중에 대해 그토록 부드러운 사랑을 품고 있을 줄을 저는 미처 몰랐습니다. 제가 겪었지요, 지난번 여기 왔을 때 말입니다. 에티오피아에서 온 수녀가 저를 보고는 "사람들이 죽어갑니다. 우리 아이들이 죽어갑니다. 마더, 어떻게 좀 해주세요."라고 했는데, 그녀가 말하는 내내 제 뇌리에 떠오른 것은 딱 한 명, 대통령뿐이었습니다. 그래서 저는 즉시 그분께 편지를 썼습니다. 이렇게 말했지요. "저는 잘 모르지만, 이것이 제게 일어난 일입니다."라고요. 그리고 다음 날 그분은 즉시 우리 민중에게 음식을 갖다 주도록 마련했지요. …… 함께 우리는 하느님을 위해 아름다운 그 무엇을 하고 있습니다.

이것은 레이건이 부탁하거나 기대할 수 있었을 수준을 넘은 칭찬이다. "민중에 대해 그토록 부드러운 사랑을 품고" 있다는 말을 들었을 뿐 아니라, 그의 에티오피아 정책도 치하받은 것이다.

그 정책은 공교롭게도 에티오피아 군사정부 —데르그[49]—의 주장을 지지하는 것인바, 주장의 내용은 이른바 에티오피아 제국의 '영토 보전'으로서, 그 영토엔 (당시) 봉기 중이던 에리트레아까지 포함됐다. 멩기스투 하일레 마리암 장군은 에리트레아뿐 아니라 국내 다른 지역의 이런저런 불만 세력들을 진압하는 데도 굶주림이라는 무기를 의도적으로 사용했다. 그랬음에도 마더 테레사는 그의 비위를 맞추고 나섬으로써 그 정권을 고립시키려던 인권운동계를 경악시킨 바 있다. 하지만 바로 그 고립화가, 타협할 준비가 되어 있는 소수에게 선교 사업의 기회를 주었다.

이 같은 속세의 기회주의적 정치 행위에 희미하나마 성스러움의 향기를 뿌려주는 것은 —마더 테레사의 이제는 낯익은 '신의 섭리 작용' 시사(위 편지의 "그리고 다음날 그분은 ⋯⋯")는 차치하고라도 — 정치의 극단이다. 그러나 백악관 기자단은 이런 고려를 고의적으로 무시하고 예의 무비판적인 태도로 마더 테레사의 방문과 발언들을 다루었다.

---

49) 데르그(the Dergue 혹은 Derg)는 암하라어로 '위원회'라는 뜻이며, 1974년부터 87년까지 멩기스투 하일레 마리암 장군의 주도로 에티오피아를 지배한 '군경 및 지역군 조정위원회'(임시군사행정위원회라고도 했다)의 약칭이다.

같은 시기에 마더 테레사는 니카라과를 방문하여 산디니스타 혁명 정당에 훈계를 하고 나섰다. 마나과 대주교이자 추기경인 미구엘 오반도 이 브라보는 그 당시 콘트라의[50] 공식 후원자이자 고해 신부였고, 공공연하게 미 중앙정보부로부터 정기적인 보수를 받고 있었다. 한편, 당시 콘트라가 생각한 자기들의 임무는 진료소, 학교, 목장 등 니카라과 체제의 '취약한 목표물들을 특별 과녁으로 만드는 일이었다. 그리고 콘트라는—예상하기 어렵잖은 일이거니와—이 나라 북쪽 오지에 기적으로 모습을 드러냈다는 성모 마리아가 자기편이라고 믿었다.[51] 하지만 보다 확실하게 그들 편이었던 것은 지상에서 가장 강력한 국가였던바, 그 나라는 니카라과의 흔들리는 시민들을 더욱 더 가난하고 피폐하게 만들어서 정권을 무너뜨리겠다고 공언했다. 이런 정책을 따르고 교회의 지지를 이끌어내는 데 대한 옹호 논리를 정연하게 펼칠 수는 있겠으나, 그 주장이 아무리 합리적이라 해도 그것을 비정치적인 것이라고, 혹은 빈자들에 대한 사랑에 의해 촉발된 것이라고 설명할 수는 없다. 상상력을 아무리 확대하더라도 말이다.

---

50) '콘트라'란, 니카라과에서 산디니스타 혁명정부가 집권했을 때 (1979~1990) 그에 저항한 반혁명 무장 집단들(contrarevolucionario)을 이른다. 이들은 미국의 지원을 받았다.

니카라과의 '전복적' 정부에 대한 전쟁에서 고의적으로 살해된 사람의 수는 콜카타의 모든 선교자들이 우연으로라도 목숨을 구한 사람 수보다 훨씬 많다. 그런데도 이 냉엄한 공리주의적 셈법이 마더 테레사에게 적용되는 적은 없다. 도덕과 신체의 문제에서는 그런 유의 공리주의적 논리들을 그녀에게 유리하게 동원할 궤변론자들조차 그러지 않는다. 그러니 남는 것은 침묵이다. 암살대들에 대한, 뒤발리에 가문에 대한, 산디니스타를 겨냥한 온갖 비난에 대한, 그리고 그 왕국이 지상에 있지 않은 이의 비정치적인 중재라고 명명된 모든 행동에 대한 침묵뿐이다.

같은 시기, 과테말라의 킬링필드들이 너무도 끔찍하여 현지의 과두지배층과 그 외국인 후원자들조차 학을 뗄 정도였고, 그곳 인디언에 대한 계획적 절멸 행위가 마침내 세계적 헤드라인으로

---

51) 1980년 니카라과 촌탈레스 지방의 산프란시스코 데 쿠아파라는 곳에 성모가 발현(發顯)했다는 사건과 관련된 이야기다. 성모를 본 이는 성당 관리인인 베르나르도 마르티네스로, 그해 4월 15일 성당의 성모상에서 신비한 빛이 나는 것을 목격했으며, 5월에는 들판을 걷다가 성모의 모습을 보고 말씀을 들었다는 것이다. 성모는 평화에 대해 언급하고는 나쁜 책들을 태우라는 말도 했다고 마르티네스가 전했는데, '나쁜 책'이란 마르크스주의 책들을 의미하는 것으로 해석되어 마나과 보좌주교가 실제로 좌파 서적들을 태우기도 했다. 콘트라가 산프란시스코 데 쿠아파의 성모를 자기들 편이라고 생각한 것은 그런 맥락에서다. 가톨릭 교회는 1982년 이 성모 발현을 공식 인정했다.

떠올랐을 때 마더 테레사는 과테말라를 방문하여 만족스러운 어조로 말했다. "우리가 방문한 지역은 모든 것이 평화로웠습니다. 저는 그런 유의 정치에는 끼어들지 않습니다." 적어도 이번에는 모든 것이 아름답다고 말하지는 않은 셈이다.

# 후기

찰리, 그런 입장을 취하는 것은 민주당 혹은 공화당 식의 이슈가 아니라고 우리는 믿습니다. 그건 무엇이 도덕적인가 하는 문제죠. 측은지심이란 무엇이냐의 문제이고요. 마더 테레사가 대표하는 그런 가치들 말입니다.

—보수적 단체 '기독교인 연합'의 랠프 리드 의장이
찰리 로즈의 인터뷰 프로그램에서. 1995년 2월 21일.


앤 랜더스에게:

삶에서 단순한 것들이 가장 두드러진 변화를 가져오는 경우가 종종 있습니다. 예를 들어, 누군가 마더 테레사에게 돈도 권력도 없는 사람들이 어떡하면 이 세계를 보다 나은 곳으로 만들 수 있겠느냐고 묻자, 그녀는 이렇게 대답했습니다. "좀더 미소를 지으면 되죠."

—프린스 조지, B. C.

프린스에게:

탁월한 답변이군요. 감사합니다.

1995년 5월 22일.


날마다, 혼란스럽거나 절망적이거나 당황한 사람들이 앤 랜더스의 고민 상담 칼럼에 겸허하고 초조한 편지를 써서 보낸다. 그리고 날마다 그들은 상담을 해보라는, 목사와 얘기를 나눠보라는, 기운을 내라는, 규칙대로 행동하고 밝은 쪽으로 생각하라는 권고를 받는다. 거의 매일 아침, 이 쾌활한 칼럼은 관습적인 지혜를 기운차게 요약한 후 '오늘의 보석'으로 끝을 맺는데, 이는 소박한 슬기 쪼가리거나, 익살과 아이러니를 담은 「리더스 다이제스트」풍의 긍정적 사고의 쪼가리다.

최근 프린스 조지가 보낸 위의 아이템이 그날의 보석으로 뽑혔다. 약속과 풍요와 기회라는 국민적 꿈을 배워온 미국인들 중 많은 이가 삶을 실망으로 겪으면서, 언제나 남의 아랫것 노릇만 하는 까닭이 자기 자신에게 있는지 아니면 운명 때문인지 헷갈려한다. 그렇지 않다면, 앤 랜더스도 자기 독자 중 숱한 사람이 그렇듯이 일자리가 없을 것이다. 하지만 영양가 없는 아침 시리얼을 먹으며 신문에서 이 특정한 충고를[52] 흡수했다 해서 많은 패배자들이 턱에 힘을 더 주고 발걸음이 더 힘차고 경쾌해질 거라고 상상하기는 어렵다. 또한 아무리 앤 랜더스라 하더라도, 중국집 과자[53] 속에 든 점괘에서나 볼 법한, 멍청하게 젠체하는 이 처세훈이 마더 테레사의 말 — 평범하고 잘 속는 사람들의 정신세계에서 몇 안 되는 신성불가침의 존재 중 하나인 그녀의 입을 통한 말 — 이 아니었다면 과연 골라 실었을지 의문이다.

지적 속물근성이라고? 지식인의 할 일이 보통남과 보통녀더러 그만하면 받아들여라, 그만 못해도 할 수 없다고 설득하는 것이라 할 경우에만 내 말들이 속물적이 된다. 내가 마더 테레사의 명성으로써 그녀의 행동과 말을 판단하지 않고 행동과 말로써 명성을 평가해보려는 프로젝트를 시작한 이래, 나는 소박한 사람들의 수호신을 조롱한다는 이유로 거듭 비난과 훈계를 받곤 했다. 옛 글귀를 인용하자면 "도랑에 빠진 자들에게 별빛을 보여주는" 여인을 조소한다고 말이다. 하지만 이야말로 진짜 지적 속물근성이

---

52) 앞에 나온 마더 테레사의 권고, "좀더 미소를 지으면 되죠."를 이르는 것.

53) 미국이나 유럽의 중국음식점에서 후식의 하나로 흔히 나오는 이른바 '포천 쿠키(fortune cookie, 幸運籤語餅, 幸福餠干)'를 말한다. 작은 종이쪽지에 지혜의 말씀이나 막연한 예언, 행운의 숫자 따위를 적어 과자 반죽 안에 넣고 구워 내온다. 캘리포니아에서 처음 생겼다고 한다.

드러나는 지점 아닌가? 테레사 숭배의 보다 고급한 자들은 말한다. 우리 자신은 하느님이나 창조론 기타 등등을 믿기에는 너무 세련된 존재 아닌가라고. 그러나 우리는 정말로 종교를 믿는다, 적어도 다른 사람들을 위해서는. 그것은 희망을 마케팅하는 수단이며, 윤리적 가르침을 주입하는 싸게 먹히는 수단이다. 그것은 기율의 한 형태이기도 하다. 미국인의 정신적 스승 중 하나인 고(故) 레오 스트라우스—공화당 우익에 심오한 영향을 끼친 학자—의 추종자들의 글은 대체로 무슨 소리인지 모를 내용이지만, 이 냉소적 요점 하나는 분명히 지니고 있다. 선택받은 자들에게는 철학과 지식이 있어야 하며, 대중에게는 종교와 감상(感傷)이 있어야 한다는 것이다. 정치적 기회주의의 야릇하고 우연한 일치에 의해 오늘날 이 스트라우스 세력들은, 팻 로버트슨이 창설했으나 보다 겉보기 좋은 랠프 리드가 대중용 얼굴 노릇을 하고 있는 기독교 근본주의 집단과 어깨를 나란히 하며 연대를 맺게 되었다. 위 발췌문에서 보듯이 리드는 궁지에 몰렸을 때 나름의 각본을 활용할 줄 안다. '기독교적 미국'에 대한 그의 취지를 놓고, 사람들의 탄생 이전과 사망 이후는 보살피되 그 사이 기간에 대해서는 사제의 강요 말고는 관심이 없지 않느냐는 도전을 받자, 리드는 즉각 마더 테레사의 '고르곤 얼굴'을 내세워 의심자들을 돌로 만든다.[54] 기독교인 연합이 그 뿌리에 가장 천박한 형태의 반가톨릭 정서를 갖고 있지 않다면 이건 더욱 재미있는 일이었겠다. 그러나 마더 테레사가 존-로저나 미셸 뒤발리에와 만났을 때 보여주었듯, 그리고 이슬람 율법학자들 및 아야톨라들과의 결탁에서 그녀의 교회가 보여주었듯, 온갖 판본의 두려운 '세속적 인본주의'의[55] 계몽에 맞서 온갖 판본의 '믿는 자'들을 한데 모으는 일종의 뒤집힌 에큐메니즘[56]이 존재하는 것이다.

아그네스 보야지우는 자신이 랠프 리드 같은 사람들에게 징발되었다는 것, 발칸 민족주의 사제들의 모금용 아이콘이라는 것, 온갖 종류의 극단 종파 사람들과 수상한 사업자들(이 둘은 종종

---

54) 고르곤은 그리스 신화에 나오는 괴물이다. 고대 그리스 시인 헤시오도스에 따르면 고르곤은 스테노스와 에우리알레, 메두사 세 자매이다. 이들의 머리카락은 뱀들로 이루어졌으며, 얼굴을 보는 사람은 돌로 변했다고 한다(두 가지 다 메두사만의 특징이라고도 한다). 메두사는 페르세우스에게 목이 잘려서 죽었다.

55) '세속적 인본주의(secular humanism)'란 이성과 윤리, 정의를 중시하며 초자연적이거나 영적인 요소들에 근거를 둔 도덕적 성찰과 결정을 거부하는 인본주의적 철학과 세계관을 가리킨다. 20세기 후반 미국에서 보수주의자들이 자유주의자들을 무신론적이며 반종교적이라고 비난하는 가운데 이 딱지를 붙이기 시작하면서 널리 쓰이는 용어가 됐다.

56) 에큐메니즘(ecumenism)이란 기독교의 교파와 교회 간의 상호 협조와 이해를 촉진하고 궁극적으로는 하나로 통합하려는 세계교회주의 및 그 운동을 말한다.

동일하다)한테 그녀가 PR용 겉표지 구실을 한다는 것, 고속도로 변의 거대한 광고판에 그려진 그녀 얼굴이 국가에 자궁 보호 책임을 지라고 촉구하고 있다는 것을 완벽하게 안다. 그녀의 한마디, 한 동작도 이런 연관 혹은 결탁을 부인한 적이 없다. 독재자들과의 우정에 대한 질문에 그녀가 답하는 수고를 한 적 또한 없다. 그녀는 단지 자기 자신의 평가내로 평가되고 전세계에서 '마더 테레사'로 불리기를 바랄 뿐이다.

그러므로 그녀의 성공은 겸손과 소박의 승리가 아니다. 그것은 인류의 미신적인 유년으로까지 거슬러 올라가는, 그리고 교활한 자와 한 가지 목적에 전념하는 자들이 소박하고 겸손한 자들을 착취하는 것에 기댄, 천년왕국 이야기의 또 다른 장이다.

에드워드 기번이 로마 세계에서 성행하던 숭배 방식들에 대해 통찰했듯, 그것들은 "사람들이 보기에 똑같이 진리였고, 철학자들이 보기에 똑같이 거짓이었으며, 행정관들이 보기에 똑같이 쓸모가 있었다." 마더 테레사는 이 소름 끼치는 3면화(三面畵)의 각 요소로부터 나왔다. 그녀 자신이 의도적으로 숭고한 것과 우스꽝스러운 것을 가르는 경계는 물론, 성(聖)과 속(俗) 사이의 경계까지 흐렸다. 이제 그녀가 그토록 오만하게, 그토록 오랫동안 피해 갔던 합리적 비판을 뒤늦게나마 해야 할 때이다.

# 옮긴이의 말

내 나이에, 더군다나 한국 같은 나라에서, 이 같은 모종의 신성 모독을 읽는다는 것은 썩 유쾌하거나 신기하지는 않은 일이고, 더군다나 그 번역은 우선 '근력상' 힘든 일이다. 하지만 이 책 저자의 의도가, 단순한 폭로 혹은 야유가 아니라 마더 테레사의 '잘못된' (세속사에) 따스한 수녀의 인상에서 '올바른' (세속사에) 냉혈의 근본주의 종교-사업가 인상으로의 교정이었다면, 그의 의도는 충분히 성공적이고, 논리적이며, 객관적이다.

# 크리스토퍼 히친스에 대한 메모

■ "(2001년 5월에) 마더 테레사의 시성(諡聖)을 앞두고 의견을 청취하는 과정에서 나는 교황청의 직접적인 요청에 따라 반대 측 증거를 제시하게 되었다. 말 그대로 '악마의 변호인'(시성에 대해 이의를 제기하며 검사 역할을 하는 증성관 證聖官) 구실을 하는 놀라운 기회였다. 이때 교회가 보여준 깊은 배려와 신중성은 나를 비판해 온 자유주의자들의 행태와는 비교조차 할 수 없는 것이었다. 출입이 통제된 방, 성서, 녹음기, 고위 성직자와 부제·사제 한 사람씩. 이 엄숙한 증언의 자리에서 나의 모든 조사 결과와 견해들을 기탄없이 제시하라고 했다."

히친스가 2001년 다른 저서에 쓴 구절이다. 이때 사실상의 증성관으로서 그가 내놓은 증거와 주장들이 그보다 6년 전(마더 테레사가 세상을 떠나기 2년 전)에 나온 이 책에 들어 있다.

■ 따지고 보면 그는 자신의 관심과 열정이 가닿은 세상 모든 일에 대해 '이의 제기자' 노릇을 하며 평생을 살아왔다. 크리스토퍼 에릭 히친스. 저술가, 저널리스트, 문학과 문화 평론가. 타고난 우상파괴자이자 탁월한 논쟁가. 1949년 4월 13일 영국생. 옥스퍼드 대학교에서 철학과 정치·경제를 전공. 65년 노동당에 입당했으나 67년 해럴드 윌슨 총리의 베트남 정책에 반대하다 다른 많은 학생들과 함께 제명됨. 이후 트로츠키주의를 표방하는 국제사회주의자(IS) 그룹의 기관지 「국제사회주의」 통신원. 옥스퍼드 졸업 후 런던의 좌파 주간지 「뉴 스테이츠먼」에 들어가 신랄한 위트와 가차 없는 논리로 헨리 키신저, 베트남 전쟁, 가톨릭 교회 등을 비판하면서 이름이 나기 시작. 81년 미국으로 옮겨가 '좌파의 기함(旗艦)'을 자처하는 정치 주간지 「더 네이션」과 「배니티 페어」, 「디 애틀랜틱」, 「프리 인콰이어리」 등 진보적이거나 자유주의적인 잡지들, 「더 타임스」(런던), 「월 스트리트 저널」 같은 신문들에 기고하며 많은 책을 펴냄. 초빙 교수로 피츠버그대, 버클리대, 뉴스쿨 대학원 등에 출강. 2007년 미국 귀화, 워싱턴 D.C.에 거주 중. 두 번 결혼해서 아들 하나에 딸 둘. 존경하는 인물은 조지 오웰과 토머스 제퍼슨.

히친스는 지금까지 60여 나라를 돌아다녔다. 경력 초기에 키프로스에서 특파원 노릇을 한 적이 있으며, 근년 들어서도 이란, 이라크, 북한, 차드, 우간다, 수단 등 문제 지역을 직접 방문하면서 글을 발표하고 있다.

■ 히친스의 글은 기사, 에세이, 평론 중 어느 하나의 스타일로 분류할 수 없을 뿐 아니라, 시각과 주장에서도 한마디로 규정되지 않는 독자성을 지니고 있다. 저서 『오리엔탈리즘』으로 유명한 팔레스타인 출신 학자 에드워드 사이드(2003년 사망)에 따르면 히친스는, "남들 같으면 웬만큼만 언급하고 넘어갈 일도 엄밀하게 따지며, 다들 상투적으로 다루곤 하는 주제에서도 예측 못한 시각을 보여준다. 한마디로, 번득인다. 게다가 국제주의자여서, 다른 이들이 나서면 무모하거나 촌스러워 보이기 쉬운 분야에도 젠체하지 않으면서 정통하다." 저명한 작가이자 미국 체제비판자들의 대부 격인 고어 비달은 언젠가 자신의 후계자로 누구를 생각하느냐는 질문에 히친스를 꼽은 적이 있다.

■ 히친스만큼 수사(修辭)와 논리 구사에 도가 튼 논쟁가도 흔치 않다는 게 영미 지식인 사회의 중평이다. 그의 글엔 힘과 유머와 풍자가 넘쳐난다. 일부 독자에겐 지나치다고 느껴질 정도로

말이다. 그의 과녁이 되는 사람은 불운하다. 놀랄 만큼 박식하고 세상에 안 가본 데가 없는 이 공격자는 상대의 가장 내밀한 급소를 정확하게 찌를 줄 아니까. 다시 말해, 히친스는 언제나 구체적이다. 문제되는 사안을 원론 수준에서 더듬다 마는 게 아니라, 증거를 들이대며 실천적인 쟁점과 논리를 따진다. 공격에 편하도록 상대의 입장을 왜곡하지도 않는다. 그가 존경하는 조지 오웰처럼 히친스는 지극히 유능한 비판자다. 그러니 히친스를 읽으면서 그에 대해 중립을 지키기는 쉽지 않다. 감탄과 비난 중 한쪽으로 쏠리게 된다.

■ 오랫동안 그는 「더 네이션」 지를 주 무대로 하여(격주로 「마이너리티 리포트」라는 고정 칼럼 집필) 로널드 레이건, 조지 부시, 빌 클린턴의 정책과 행태를 해부하는 한편 미국의 대외 정책, 특히 중남미 정책과 중동 정책을 꾸준히 비판했다. 90년 첫 페르시아 만 전쟁 때도 그는 부시 행정부가 사담 후세인을 전쟁으로 유인했다고 주장했다.

한데, 2003년 아들 부시의 정부가 이라크를 침공했을 때 그는 정부 편을 들었다. 영미 좌파의 아이콘 중 하나였던 그가 말이다. (2005년 어느 토론에서 이 비일관성에 대해 질문을 받자 그는 다음과 같이 답했

다. 페르시아 만 전쟁 후 쿠르드족 지역에서 지낸 적이 있는데, 그때 이라크 일대
의 위기가 근본적으로 사담 후세인 탓임을 깨닫게 되었다고).

■ 마르크시스트이자 트로츠키스트임을 자부해온 히친스가
21세기 초에 보여준 우선회(右旋回)는 지식인 사회에서 큰 화제
가 되었지만, 돌아보면 뜬금없는 일만은 아니었다. 『악마의 시』
를 쓴 인도계 영국 작가 살만 루슈디에게 1989년 이란의 호메이
니가 사형 선고를 내려 루슈디가 암살될 위험에 처하자, 그의 오
랜 친구인 히친스는 큰 충격을 받았다. 이후 히친스는 이슬람을
점점 더 비판하면서 '이슬람의 얼굴을 한 파시즘'을 운위하게 된
다. 미국 내에서도 그는 좌파가 부적절한 대상과 사안들을 변명
하고 비호해주는 데 염증을 드러내기 시작한다. 자신의 비판가
기질을, 그리고 모든 것을 의심하라는 마르크스의 권고를, 그가
속했던 좌파에까지 들이댔다고 할까. 당연히 「더 네이션」 동료들
과 불협화가 잇따랐다.

■ 9·11 직후 그는 노엄 촘스키와 「더 네이션」 지면에서 일
련의 논쟁을 벌였다. 급진적 이슬람을 어떻게 보아야 하고 어찌
대응해야 하는지를 놓고서였다. 그리고 2002년, 「더 네이션」의

필진에서 물러난다. 이 잡지의 편집자들과 독자, 기고자들이 오사마 빈 라덴보다 존 애시크로프트 미 법무장관을 더 큰 위협으로 보며, 이슬람의 테러리즘을 두둔하고 있다면서.

히친스는 이제 자신을 좌파의 한 사람으로 생각하지 않는다고까지 했다. 그래서 근년의 히친스를 신보수주의자, 이른바 '네오콘'으로 규정하는 이들도 많다. 실제로, 이른바 '테러와의 전쟁'에 관한 그의 어떤 칼럼들은 이전에 그가 비판했던 우파의 글들과 별 차이가 없어 보이기도 한다. 물론 본인은 그 같은 분류를 인정하지 않는다. 이라크 침공 등 현 시기 미국의 국제정책에 관해 신보수주의자들과 같은 편에 서 있기는 하지만, 자신은 "어떤 종류의 보수주의자도 아니"라는 얘기다. 정치와 역사에 대한 기본적 관점은 여전히 마르크스주의의 범주들에 의존하고 있다고 그는 말한다. 다만, "젊은 시절에는 국가라는 것에 강력히 저항"하기도 했지만 이제는 그보다 "개인적 자유의 문제들을 훨씬 더 강조"하게 되었다는 얘기다.


■ 히친스는 무신론자다. 나아가, 적극적인 반종교주의자다. 그가 믿는 것은 계몽사상의 토대인 세속주의(현세주의)와 인본주의, 그리고 이성이다. "나는 모든 종교가 동일한 거짓의 서로 다

른 판본이라고 생각할 뿐 아니라, 교회들이 미치는 영향과 종교적 신념이 낳는 결과가 의문의 여지 없이 해롭다고 믿는다."

오랫동안 그는 3대 유일신교인 유대교와 기독교, 이슬람교를 비판해 왔다. 마더 테레사를 통해 가톨릭의 선교정치와 성녀 만들기의 문제점을 지적한 이 책도 그런 작업의 일환이라 하겠는바, 그 12년 뒤인 2007년에 낸 저서 『신은 위대하지 않다』에서는 종교 전반으로 논의를 넓혀 힌두교나 신이교(新異教, Neopaganism) 들까지 다루고 있다.

그러나 히친스는 어느 인터뷰에서 말했듯이, 교육받은 자라면 누구나 성경을 알아야 한다고 생각하여 자기 자녀들에게 종교의 역사를 가르친 사람이기도 하다(그가 진정 바라는 것은 새로운 계몽운동, 이성의 부흥운동이라고 한다).


■ 그는 2005년 가을 미국의 외교 전문지 「포린 폴리시」와 영국 정치평론지 「프로스펙트」가 함께 실시한 '100대 공적 지식인' 순위 투표에서 5위에 올랐다. 두 잡지가 선정한 지식인 100명의 명단을 놓고 독자들이 온라인으로 각기 5명씩을 고르는 방식이었다. 2만여 명이 참여한 투표 결과, 1위가 노엄 촘스키(미국), 2위는 움베르토 에코(이탈리아), 3위 리처드 도킨스(미국), 4위 바츨라

프 하벨(체코), 그리고 5위가 히친스로 집계됐다. 100명을 선정
한 기준의 문제와 영어권 지식인 편중 문제 등이 있으나, 적어도
영미 지식층 사이에서 히친스가 지닌 영향력을 말해주는 것이라
할 수 있다. 참고로, 이 투표에서 위르겐 하버마스는 7위, 앤서
니 기든스는 39위였다. 명단과 순위를 더 알고 싶은 이는
http://www.infoplease.com/spot/topintellectuals.html    참
조.


   ■ 이제 한국과의 인연 하나. 1985년 「마더 존스」라는 잡지에
기고한 글( 'Going Home with Kim Dae Jung' )에서 뽑은 몇 구절이
다.

   "그가(김대중 씨) 남다른 것은 그의 온건하고 민주주의적인 정견
이나 사상 때문이 아니라, 미국에서의 개인적 안전을 유지하기
위해 자신의 원칙들을 저버리지 않았기 때문이다. 한국 정부와
레이건 행정부에서 막연한 보장밖에 안 했는데도 김 씨는 귀국하
여 자신의 자리에 섰다.

   '정말 여러분이 나와 함께 와주시지 않았다면 지금 이렇게 내
집에 앉아 있지 못했을 겁니다.' 서울의 자그마한 자택에서 김 씨
는 귀국 길에 동행한 몇 사람의 미국인에게 차분하게 감사의 뜻

을 표했다. …… 나는 김대중 씨가 안전한 미국을 떠나 위험을 무릅쓰고 자신의 국민들에게 돌아가기 몇 주일 전부터 그와 꽤 많은 말을 나눴다. 태평양을 건너 도쿄로 비행할 때도 그랬고, 거기서 다시 서울까지 가는 비행기 안에서도 후지 산이 멀어져가는 것을 내려다보며 대화를 했다. ……

〔공항에서〕 오하이오 출신 하원의원 에드 페이건, 펜실베이니아 출신 하원의원 토머스 포글리에타, 지미 카터 대통령 때 엘살바도르 대사였던 로버트 화이트, 역시 카터 행정부의 인권 담당 국무차관보였던 팻 데리언이 김 씨 주위에 방진을 쳤으나, 한 무리의 KCIA 요원들이 그들을 발로 차고 주먹질을 하면서 옆으로 밀어내버렸다. TV 화면에서는 그저 몸싸움 정도로 비쳤을지 모르지만, 바로 옆에서 보는 사람에겐 매우 으스스한 상황이었다."

그는 16년 뒤에 낸 다른 저서에서도 "김대중 씨가 서울의 공항에서 다시 붙잡혀 가던 순간에 그와 함께 있었다는 사실을 아직도 자랑스럽게 생각한다."라고 썼다.

■ 히친스의 저서들은 다음과 같다. 『신은 위대하지 않다』(2007), 『토머스 페인의 「인간의 권리」: 전기』(2006), 『토머스 제퍼슨: 미국을 만든 사람』(2005), 『사랑, 가난, 전쟁: 여정과 에세

이들』(2004), 『길고도 짧은 전쟁: 이라크 해방의 지연』(2003), 『오웰의 승리』(2002. 미국판 제목은『왜 오웰이 중요한가』), 『젊은 비판가에게 주는 편지』(2001), 『헨리 키신저 재판』(2001), 『공인되지 않은 입법: 공론 영역의 작가들』(2000), 『더 속일 사람이 없다: 윌리엄 제퍼슨 클린턴의 삼각측량 정치』(1999), 『자비를 팔다』(1995. 원제는『미셔너리 포지션』: 마더 테레사의 이론과 실제), 『논의를 위하여: 에세이와 '마이너리티 리포트'』(1993), 『피와 계급과 노스탤지어: 영국과 미국의 아이러니』(1990. 2004년 판 제목은『피와 계급과 제국: 영미 관계의 지속성』), 『최악을 각오하다: 에세이와 '마이너리티 리포트' 선집』(1988), 『제국의 전리품: 엘긴 마블스의 기이한 사례』(1987. 나중에『엘긴 마블스: 그리스에 돌려줘야 하는가』로 개제), 『키프로스』(1984. 나중에『역사의 인질 키프로스: 오스만 제국에서 키신저까지』로 개제). 이 외에도『무신론 독본: 비신자가 읽어야 할 글들』(2007), 『피해자 비난하기: 사이비 학문과 팔레스타인 문제』(1988) 등의 편저서, 공저서가 있다.

■ 히친스 인용으로 이 소개문을 맺자. 우선 전형적인 비틀기 하나: "내가 예전에는 —그러니까 독재자와 정신병적 살인자들, CIA에 관한 이류 몽상가들을 두둔하는 데 넌더리를 내기 전에

는―아주 멋진 친구였다는 메스꺼운 말들이 이젠 지겨워지기 시작한다. 차라리 내가 본디부터 천하의 못된 놈이었으며 배신자였다는 알렉산더 코번(「더 네이션」 동료 칼럼니스트)의 말이 더 그럴듯하다."

다음은 마무리용 경구 둘: "얽매이지 않은 정신의 요체는 '무엇을' 생각하느냐에 있지 않고 '어떻게' 생각하느냐에 있다." "반대자 노릇을 하는 일은 허무주의와는 무관하다."

마더 테레사에 대한 그의 비판을 읽는 방법도 이 말들의 자장(磁場) 안에서 찾아야 할 것이다.

―모멘토 편집부

# 자비를 팔다

초판 1쇄 : 2008년 1월 15일
초판 2쇄 : 2008년 2월 1일
지은이 : 크리스토퍼 히친스
옮긴이 : 김정환

펴낸이 : 박경애
펴낸곳 : 모멘토
등록일자 : 2002년 5월 23일
등록번호 : 제1-3053호
주 소 : 서울시 마포구 공덕동 242-85   2층
전 화 : 711-7024, 711-7043
팩 스 : 711-7036
E-mail : momentobook@hanmail.net
ISBN 978-89-91136-19-9   03300
잘못된 책은 구입하신 곳에서 바꿔 드립니다.